OS 4 PILARES DA
LIDERANÇA
IMBATÍVEL

CARO(A) LEITOR(A),
Queremos saber sua opinião sobre nossos livros. Após a leitura, siga-nos no **linkedin.com/company/editora-gente**, no TikTok **@editoragente** e no Instagram **@editoragente**, e visite-nos no site **www.editoragente.com.br**. Cadastre-se e contribua com sugestões, críticas ou elogios.

RENATO TRISCIUZZI

OS 4 PILARES DA
LIDERANÇA IMBATÍVEL

Propósito, comunicação,
pessoas e resultados

Gente
AUTORIDADE

Diretora
Rosely Boschini

Gerente Editorial Sênior
Rosângela de Araujo Pinheiro Barbosa

Editora
Carolina Forin

Assistente Editorial
Camila Gabarrão

Produção Gráfica
Leandro Kulaif

Preparação
Debora Capella

Capa
Bruno Miranda | Cavalo-Marinho
Estúdio Criativo

Projeto Gráfico
Márcia Matos

Adaptação e Diagramação
Plinio Ricca

Revisão
Wélida Muniz
Débora Spanamberg Wink

Ilustração p. 88
Plinio Ricca

Impressão
Bartira

Copyright © 2025 by Renato Trisciuzzi
Todos os direitos desta edição
são reservados à Editora Gente.
R. Dep. Lacerda Franco, 300 – Pinheiros
São Paulo, SP – CEP 05418-000
Telefone: (11) 3670-2500
Site: www.editoragente.com.br
E-mail: gente@editoragente.com.br

Dados Internacionais de Catalogação na Publicação (CIP)
Angélica Ilacqua CRB-8/7057

Trisciuzzi, Renato
    Os 4 pilares da liderança imbatível : propósito, comunicação, pessoas e
resultados / Renato Trisciuzzi. – São Paulo: Autoridade, 2025.
    192 p.

ISBN 978-65-6107-031-7

1. Liderança 2. Desenvolvimento profissional I. Título

24-5209 CDD 658.4012

Índices para catálogo sistemático:
1. Liderança

Nota da publisher

Em um mundo onde mudanças constantes desafiam a estabilidade e o sentido das lideranças, a habilidade de guiar com propósito e resiliência tornou-se essencial. A complexidade do mercado, as novas expectativas dos colaboradores e a rápida evolução dos modelos de trabalho geram uma realidade na qual o sucesso exige mais que conhecimento técnico: requer um conjunto equilibrado de habilidades humanas e estratégicas.

É nesse contexto que *Os 4 pilares da liderança imbatível*, de Renato Trisciuzzi, surge como um verdadeiro mapa para líderes que buscam se destacar de maneira duradoura. Trisciuzzi reúne aqui as bases fundamentais para uma liderança que transforma e inspira, detalhando como o propósito, a comunicação, o foco nas pessoas e os resultados são os pilares que sustentam o sucesso de uma liderança em qualquer ambiente. Com uma abordagem prática e reflexiva, o autor esclarece esses conceitos e guia o leitor a aplicá-los na prática para construir uma liderança sólida e respeitosa.

Com uma vasta experiência em cargos de gestão, lidando com CEOs e executivos de alta hierarquia, o autor combina essa bagagem com sua visão sobre o papel humanizador do líder. O método Liderança Imbatível foi desenvolvido ao longo de décadas e tem como inspiração o valor do diamante – uma estrutura forte e única, que demanda lapidação constante para alcançar o brilho e a resistência que marcam um verdadeiro líder. É essa experiência prática e profundamente humana que faz deste livro um contéudo essencial para líderes atuais e futuros.

Convido você a embarcar nessa leitura e descobrir como alinhar propósito e prática, inspirar sua equipe e impactar o mundo ao seu redor. Que esta jornada seja o início de uma liderança completa e imbatível.

Rosely Boschini
CEO e Publisher da Editora Gente

Dedico este livro a todos que fizeram parte dessa jornada. À minha família e amigos, que sempre me acompanharam com amor e incentivo. À minha esposa, Margareth, pelo apoio incondicional e presença constante – sem você minha vida não teria sentido –, e à minha irmã Adriane, pelo suporte nos momentos difíceis de minha carreira. Aos meus pais, Mariza e Leonardo, que me proporcionaram uma base sólida de valores e educação. Aos meus filhos, Caroline e Marcel, e meus netos, Valentina, Leonardo e Serena, fontes inesgotáveis de amor e inspiração. E ao inseparável Pedrinho, meu cachorro, nas madrugadas junto à porta do escritório em que esta obra foi produzida.

Aos colegas de trabalho, pares, líderes e liderados com quem compartilhei experiências enriquecedoras ao longo da minha carreira. Vocês foram parte essencial da construção deste projeto.

Agradeço também à equipe da Editora Gente pelo apoio e profissionalismo, e a todos os meus leitores e seguidores pela confiança e pelo tempo dedicado a esta obra. Vocês são a razão pela qual este sonho se tornou realidade.

Com amor e gratidão,
Renato Trisciuzzi

SUMÁRIO

Prefácio	**10**
Introdução	**12**
1. Comando e controle	**20**
2. A solidão do líder	**36**
3. O ameaçador mundo líquido	**50**
4. A caminho da liderança imbatível	**66**
5. O guia para tornar-se um líder imbatível	**78**
6. O propósito, ou descobrindo o que o move	**92**
7. A comunicação da liderança imbatível	**112**
8. As empresas são feitas de pessoas	**132**
9. Superando resultados	**150**
10. Consolidando sua liderança imbatível	**178**
Conclusão	**188**

PREFÁCIO

A liderança é um dom, uma energia que brota de dentro, uma força que se faz sentir por onde passa. Ser um líder é carregar consigo a capacidade de inspirar e guiar com autenticidade, de tomar a linha de frente e se tornar referência para os outros. É uma qualidade que se expressa em gestos, em exemplos, em uma presença que ilumina o caminho de quem o segue.

Assim como no reino animal, onde um líder naturalmente assume a dianteira, na raça humana também há aqueles que emanam essa energia distintiva. A liderança verdadeira não está apenas no conhecimento ou na técnica, mas na essência que move aquele que escolhe servir, proteger e apoiar quem vem atrás. O verdadeiro líder não leva ninguém para o abismo; ao contrário, ele é o primeiro a explorar o terreno, a enfrentar os desafios para garantir a segurança de todos.

Nossa maior referência de liderança, o exemplo máximo de humildade e de serviço, foi Jesus. Ele se doava, protegia, guiava e sacrificava-se pelo bem de todos. Sua liderança era marcada pela simplicidade, pela divisão generosa e pela disposição de sempre colocar o outro em primeiro lugar. Ele construiu um legado que ecoa pela história, um exemplo para todos que buscam liderar com grandeza humana.

Liderança exige sensibilidade, humanidade e humildade. É dar o exemplo, cuidar das pequenas e grandes coisas, desde apanhar um papel que cai no chão até proteger e guiar com paixão. Um verdadeiro líder fortalece os que vêm depois, não subestima o outro, mas inspira para que cada um alcance o melhor de si. Como uma mãe que alimenta os filhos antes de si mesma, o líder coloca o bem-estar do grupo acima do próprio conforto.

Este livro é um convite para que cada palavra seja levada ao coração e para que os ensinamentos técnicos sejam aplicados de maneira emocional e espiritual. Ele honra a missão de amor, de gratidão e de humanização que é a liderança. Que cada linha desta obra inspire você a ser o tipo de líder que deseja ver em seus liderados, que conduza pelo exemplo, que encare as adversidades com coragem e que, ao fim, seja uma locomotiva que move e transforma quem vem junto. Bora?

Geraldo Rufino

Fundador da JR Diesel e autor best-seller

INTRODUÇÃO

"A verdadeira medida da liderança é a influência – nada mais, nada menos."

John C. Maxwell[1]

Ter muito conhecimento não garante que você será um líder de sucesso, um líder *imbatível*! Se bastasse apenas saber muito, os grandes gênios da humanidade também seriam conhecidos como os maiores líderes que tivemos. Nem sempre o grande sábio é um grande desenvolvedor de pessoas, de talentos.

Essa é uma das grandes verdades da vida em comunidade. Sim, da vida em comunidade, não exclusivamente da vida na empresa, por mais que este seja um livro sobre liderança empresarial. Toda e qualquer relação humana passa por uma liderança: seja para tomar decisões de caça (como lá no tempo das cavernas), seja para gerar harmonia no lar (em decisões como onde seus filhos vão estudar, como será feita a gestão do orçamento doméstico ou se devem alugar ou comprar um imóvel, por exemplo) e, entre outros, em um ambiente corporativo.

Mas, voltando à frase do primeiro parágrafo, apenas conhecimento não é o suficiente para tornar alguém um líder imbatível. Por isso, fico feliz que você tenha este livro em mãos. Por meio de minha experiência, quero mostrar a você como desenvolver suas habilidades de líder e convidá-lo a olhar com mais detalhes o exercício de ser um líder imbatível. Liderar é um ato que exige paixão, conectividade e pragmatismo, independentemente de onde você esteja e de qual seja a situação ou o objetivo. A liderança não tem um fim em si mesma e pode ser desenvolvida com a prática.

---

[1] MAXWELL, J. C. **As 21 irrefutáveis leis da liderança**: uma receita comprovada para desenvolver o líder que existe em você. Rio de Janeiro: Thomas Nelson Brasil, 2007.

Observe os modelos de liderança desde os tempos dos primatas até hoje: se entre os primatas existia a liderança alfa, em que os machos exerciam o poder sobre os outros por meio de força física, intimidação e ameaças, a liderança tribal do início das civilizações se caracterizava pela dominação com sabedoria e carisma. A partir do século XX, o modelo de liderança predominante passou a ser o do tipo militar, sobre o qual falaremos adiante. De qualquer modo, foram inúmeros tipos, cada qual com suas características predominantes que refletiam o estado da sociedade e do ser humano em determinado período. Assim como os tempos e os desafios enfrentados pela humanidade foram mudando, a liderança também se modificou de acordo com as necessidades.

No entanto, independentemente da forma e do momento da história de nossa civilização, com certeza há desejos comuns a todos os líderes: ser respeitado pela equipe, seguido sem lampejos pelos liderados, almejado por outras equipes, desejado pelos superiores, disputado por outras organizações, e, o mais importante, ficar marcado na história daquelas pessoas, daquele grupo, daquela sociedade, daquele tempo.

O líder tem o poder de inspirar!

Ser líder não é tarefa fácil nem simples, afinal somos seres humanos complexos e diversos e vivemos em ambientes igualmente complexos e diversos. Isso sem falar de diferenças culturais, de valores, da visão de cada um e da missão de cada ambiente do qual fazemos parte ou dos grupos com os quais nos relacionamos.

Neste momento, você deve estar pensando nos diversos líderes que teve na vida e, se for o caso, no tipo de líder que você é ou, ao menos, em como é percebido por seus liderados, pares, chefes e familiares. Posso afirmar que é normal já ter tido líderes bons e líderes ruins ao longo da trajetória, assim como é normal ter sido um bom ou mau líder em sua carreira como gestor de pessoas e equipes. Eu também já passei por isso, e fazer essa reflexão nem sempre foi fácil nem simples. Mas o importante é entender que é preciso aprender e evoluir.

Por ter sido líder cedo em minha carreira, foram muitas as dificuldades que tive de enfrentar: a solidão da liderança, a busca constante por aceitação, a necessidade de uma comunicação eficaz, entre várias outras. Quando aceitei assumir uma posição de liderança, não tinha preparo para comandar pessoas. Minha inexperiência, aliada à falta de instituições que me treinassem para ser líder, me levou a cometer alguns erros que poderiam ter sido evitados. Iniciei minha carreira nos anos 1990, e, desde 2004, lido com presidentes de empresas e executivos C-Level, como CEOs e CFOs. Entender como a cabeça desses grandes líderes funcionava me fez perceber minha própria imaturidade e como esse despreparo podia ser prejudicial à carreira de um líder jovem.

Meu propósito de vida é justamente ajudar novos líderes com dificuldades de entregar resultados e de lidar com suas equipes a conseguirem equilibrar o aspecto inspiracional de sua tarefa com as métricas inerentes à função. E, ao olhar para minha trajetória com tantos obstáculos superados, senti o desejo de escrever um livro que reunisse todos os conhecimentos que possibilitaram que eu me tornasse um líder mais bem preparado e, com ele, contribuir para a transformação da vida de outros líderes em potencial.

Na primeira metade do século XXI, sobretudo após vivenciarmos uma pandemia que nos obrigou a repensar hábitos laborais – com a incorporação dos ambientes híbridos, em que há tanto trabalho presencial quanto remoto, e colaboradores de diferentes perfis geracionais –, a tarefa de liderar se tornou ainda mais desafiadora.

Minha experiência diz – e as pesquisas de mercado, como uma feita pela empresa Korn Ferry, de consultoria global de gestão organizacional,[2] corroboram essa percepção – que muitos dos jovens colaboradores pertencentes à chamada geração Z (ou seja, nascidos no final dos anos 1990) não querem ser líderes, por vários motivos. Um deles é a crença de que, ao se tornarem líderes, precisarão se afastar das tarefas do dia a dia para se dedicar à gestão de pessoas e à estratégia da empresa. Também acreditam que, caso assumam um cargo de liderança, terão menos tempo para a família e para seus interesses pessoais. Segundo a pesquisa, menos de 2% da geração Z tem a ambição de subir na pirâmide corporativa.

---

[2] POR QUE profissionais da geração Z não querem ser chefes. **Forbes**, 5 jun. 2024. Disponível em: https://forbes.com.br/carreira/2024/06/por-que-profissionais-da-geracao-z-nao-querem-ser-chefes/. Acesso em: 9 out. 2024.

Posso afirmar, com base em tudo o que vivi, que essa dicotomia entre trabalho e ambiente doméstico é um equívoco comum. Digo isso pois tive que amadurecer cedo também no âmbito familiar. Quando me casei, minha esposa já tinha filhos e, assim, meus enteados requeriam que eu também fosse um líder para eles; então, precisei encontrar o equilíbrio entre essas duas tarefas.

A figura da liderança dos novos tempos deve saber realizar trocas entre o ambiente familiar e o corporativo e entre o corporativo e o familiar. Um ecossistema acaba se nutrindo do outro. Não acredito em líderes que fazem distinção entre os dois papéis, que separam o profissional do ser humano. É claro que, quando estamos em uma empresa, precisamos entregar resultados, não estamos ali pelos afetos, mas entendo cada liderado como um ser humano, e não como uma máquina. Essa visão e esse cuidado são primordiais para que a confiança e o apoio mútuo se estabeleçam entre as partes.

O mercado ainda caminha lentamente para adotar essa visão, pois, no dia a dia corporativo, o líder ainda é bastante focado em tarefas e muito cobrado por seus resultados. No entanto, quando observamos lideranças bem-sucedidas – e trarei neste livro exemplos que ilustram minha afirmação –, vemos que as equipes consideradas imbatíveis são as que têm apreço por seus líderes, e vice-versa.

A liderança não tem a ver conosco, mas sim com os outros

É importante para nós, líderes, termos claro que não lideramos para nós mesmos: lideramos por um objetivo e por pessoas. Isso foi o que aprendi com meus mais de trinta anos de experiência profissional, dos quais mais de vinte foram atuando em cargos de gestão.

Nessa jornada, sei que errei, mas também sei que já acertei bastante e, o mais importante, aprendi muito. Foram diversas experiências em diferentes tipos e modelos de organizações. Já liderei grupos pequenos e grandes em empresas pequenas, médias e grandes, nacionais e multinacionais, públicas e privadas, de capital aberto e fechado, multiculturais e multietárias.

Dessa maneira, pude fazer uma coletânea de experiências nos grupos com os quais convivi, e a experimentação prática foi a base de meu aprendizado em liderança. Isso me tornou um conhecedor pragmático, um expert de aplicação prática de tipos e formas de liderança em ambientes multivariados, complexos e adversos.

Essa lapidação do estilo de trabalho me levou a ser um líder imbatível, obtendo sucesso por onde passo. E, como parte de qualquer líder, o amor e a dedicação em compartilhar conhecimento e formar sucessores são características fundamentais. Por isso decidi escrever este livro e apresentar o método que desenvolvi com base em meus anos de experiência.

Eu batizei este método de Liderança Imbatível e o desenvolvi pensando na figura do diamante, pois, para encontrar essa pedra preciosa, precisamos buscar nas profundezas da terra. Depois de a encontrar, é necessário lapidá-la continuamente, para que se torne forte, reluzente, brilhante e valiosa. Gosto dessa conexão por trazer conhecimentos de valor inestimável e por essa pedra precisar ser lapidada durante muito tempo e moldada para ser única, cristalina, resistente e eficaz, produzindo resultados duradouros. O método produz riqueza não somente para quem o aplica, mas também para todos os stakeholders. Todas as pessoas envolvidas – líderes, liderados, pares ou superiores – são beneficiadas.

Nos próximos capítulos, veremos os quatro vértices que formam o diamante. Eles são essenciais porque, quando em equilíbrio, têm o poder de transformar você em um líder imbatível. Esses vértices são explicados nos quatro pilares da Liderança Imbatível: Propósito, Comunicação, Pessoas e Resultado. Abordaremos cada um de maneira conceitual e prática, para que você possa aplicá-los e obter sucesso em sua liderança imbatível, aquela capaz de inspirar, comunicar-se com eficiência e fazer entregas com resultados impactantes, sempre alinhados com seu propósito de vida.

Tais conceitos já fazem parte do que se entende por liderança há muito tempo e, com o passar dos anos, foram recebendo nomenclaturas específicas. Um exemplo é o rapport: você sabe o que é rapport e qual é sua utilidade para ser um bom líder? Trata-se de um aspecto fundamental para estabelecer uma comunicação eficiente e empática. E "empatia" é um termo familiar para você? Caso não seja, não se preocupe, pois também falaremos dela nos próximos capítulos. Revelarei o que me fez ser um líder imbatível, as dificuldades que tive, os problemas que enfrentei, as soluções que apliquei e os resultados obtidos.

Ser líder engloba muitas virtudes, mas principalmente ter amor pelo ser humano, tratá-lo como o ser único e valioso que é. Quando você estabelece uma comunicação verdadeira e eficiente com as pessoas, não só o ambiente corporativo se transforma, mas também tudo ao redor.

Quero levá-lo por uma jornada que lhe permita aprender quais são os pilares fundamentais da liderança e como ser uma inspiração para seus liderados, sem se esquecer de entregar resultados e impactar o mundo de maneira positiva.

A partir de agora, convido você a se transformar em um líder completo, empático, realizador, transformador de futuros. É um caminho recompensador o do líder imbatível, pode ter certeza!

TODA E QUALQUER RELAÇÃO HUMANA PASSA POR UMA LIDERANÇA.

OS 4 PILARES DA LIDERANÇA IMBATÍVEL
@RENATO.TRISCIUZZI

01

COMANDO E CONTROLE

"Olhando para o novo século, os líderes serão
aqueles que empoderarem os outros."
Bill Gates[3]

uando falamos em liderança, há aqueles nomes clássicos que nos vêm à mente, como Sun Tzu, Winston Churchill, Júlio César e Napoleão Bonaparte. Eles estão relacionados às grandes batalhas, a lutas épicas que inspiraram filmes, livros e séries televisivas.

Mas você se lembra, por exemplo, por que Napoleão Bonaparte perdeu a guerra e foi mandado para o exílio? Ou por que uma nação inteira, como a França, com todo o seu poderio militar, sucumbiu mesmo tendo um grande líder como Napoleão na linha de frente?

Nas aulas de História, aprendemos que a chamada Batalha de Waterloo, ocorrida em 1815, marcou a derrocada de Napoleão. Ele já havia invadido vários territórios para além da França, mas as condições adversas que seu exército vinha enfrentando provocaram a perda de posições.

Então, em Waterloo, no território onde hoje está a Bélgica, seus soldados encontraram as maiores dificuldades. O campo de batalha estava em condições fisicamente adversas – a chuva da noite anterior transformara o solo em um lamaçal. Além disso, o exército sofria com a falta de suprimentos e com o frio. Apesar de tudo, as tropas francesas continuaram avançando sob

---

[3] PARA Bill Gates, esta é a qualidade que diferencia um líder do resto das pessoas. **Pequenas Empresas, Grandes Negócios**, 29 fev. 2020. Disponível em: https://revistapegn.globo.com/Dia-a-dia/Gestao-de-Pessoas/noticia/2020/02/para-bill-gates-esta-e-qualidade-que-diferencia-um-lider-do-resto-das-pessoas.html. Acesso em: 9 out. 2024.

o comando de seu líder e acabaram dizimadas pelos soldados inimigos. Por fim, Napoleão foi derrotado e exilado.[4]

Esse grande modelo da guerra, em que uma figura importante, articulada, excelente comunicadora, por vezes carismática e encantadora, comanda centenas de milhares de soldados, perdurou por séculos e serviu de inspiração para além dos círculos militares: influenciou o mundo corporativo, moldando as personalidades de profissionais nos mais diversos cargos de liderança.[5]

Se você pensar nos líderes que exercem altos cargos executivos agora, em sua maioria na faixa dos 50 anos ou mais, todos foram influenciados pelo modelo de gestão pautado em comando e controle, cujo lema é o velho ditado "Manda quem pode, obedece quem tem juízo".

Até o fim do século passado, principalmente dentro das empresas e dos cursos de liderança, a máxima era esta: nunca conteste o chefe. Era isso que se ensinava. A liderança era mais formal, sem concessões no sentido do apelo ao humano, ao respeito pelo indivíduo, pelo liderado.[6]

Dada essa conjuntura social, o grande problema de não levar em conta o aspecto emocional e psicológico do liderado era a questão da servidão: o colaborador era visto apenas como alguém servil, obediente, executor, sendo que, na verdade, quem deve servir é justamente o líder. Esse modelo hegemônico não preparava a figura do líder para entender de pessoas, para entender sua importância no cenário corporativo.

Para agravar a questão da servidão, em países em desenvolvimento, como o Brasil, havia o fato de existirem muitas empresas multinacionais, o que nos levava a importar regras corporativas das matrizes. Recebíamos comandos

---

[4] BATALHA de Waterloo. **Brasil Escola**. Disponível em: https://brasilescola.uol.com.br/historiag/batalha-de-waterloo.htm. Acesso em: 9 out. 2024.

[5] OS EFEITOS perversos de uma cultura hierárquica na gestão de pessoas. **Produtive**, 17 abr. 2024. Disponível em: https://produtive.com.br/os-efeitos-perversos-de-uma-cultura-hierarquica-na-gestao-de-pessoas. Acesso em: 9 out. 2024.

[6] BENMIRA, S.; AGBOOLA, M. Evolution of leadership theory. **BMJ Leader**, v. 5, p. 3-5, 2021. Disponível em: https://doi.org/10.1136/leader-2020-000296. Acesso em: 9 out. 2024.

diretos, sem que as ordens vindas de cima levassem em consideração aspectos culturais inerentes ao profissional brasileiro. Hoje, isso está bem melhor, mas, no passado, as empresas estrangeiras chegaram a não ter êxito em nosso mercado por falta de adaptação às características locais.[7]

Necessidades não atendidas geram turnover

Os líderes ensinados a trabalhar nesses modelos ultrapassados não são inspiracionais, são simplesmente chefes de departamento, voltados à execução. As organizações que têm líderes assim formam meros executores, que apenas entregam resultados, que comandam a "força de trabalho" – que é vista (e chamada) assim mesmo, como força de trabalho, e não como um conjunto de pessoas – e que não são incentivados a entender seus liderados dentro e fora do organismo social que é a equipe. Inclusive, o fato de o profissional ter vida fora do trabalho não é levado em consideração, ainda que ambos os lados, o profissional e o pessoal, impactem o comprometimento e o resultado do liderado em seu ambiente de trabalho.

Os líderes da minha geração cresceram querendo galgar cargos de liderança para receber melhores salários. Eis um dos motivos do problema. Muitos líderes de hoje só quiseram melhorar de cargo para aumentar sua remuneração, e não porque quisessem – ou soubessem – desenvolver pessoas. É isto também que gera líderes pouco empáticos: a falta do propósito de liderar.

Essa figura do líder que vem do passado, pautada no modelo da guerra, portanto, não entende de pessoas e, assim, não percebe que seus liderados têm necessidades emocionais, sociais, de saúde etc., para além das que demonstram no dia a dia laboral. Isso gera insatisfação porque esses colaboradores não se sentem compreendidos e acabam indo embora, trocando a empresa atual, representada pela figura do líder que não os compreende nem os inspira, por outras corporações que atendam às suas necessidades.

---

[7] DE SAÍDA do Brasil: confira as empresas que desistiram do país durante a crise. **Gazeta do Povo**, 3 mar. 2017. Disponível em: https://www.gazetadopovo.com.br/economia/de-saida-do-brasil-confira-as-empresas-que-desistiram-do-pais-durante-a-crise-eyjupo2hsj9d5s28ads1x2tzv. Acesso em: 9 out. 2024.

A seriedade desse problema pode ser vista nos números: oito em cada dez profissionais pedem demissão por causa do chefe. É o que aponta um levantamento da empresa de consultoria de recrutamento Michael Page.[8] As razões para isso são variadas, como o sentimento de que o chefe não é um bom líder ou a falta de feedback, por exemplo.

Líderes despreparados geram liderados insatisfeitos, que fogem de uma empresa a outra buscando ter oportunidades de desenvolvimento. Esse círculo vicioso acaba contribuindo para o aumento do turnover, que é a rotatividade de pessoal em uma corporação.

Uma pesquisa conduzida pela educadora Arwa Alkhawaja na Universidade de San Diego[9] revelou que estilos de liderança têm impacto direto na rotatividade de funcionários. Líderes que não conseguem engajar e inspirar suas equipes frequentemente enfrentam taxas mais altas de turnover. Além disso, o estudo destacou que até mesmo líderes considerados bons podem ter pontos cegos em suas abordagens, e eles contribuem para a rotatividade, sugerindo que a eficácia da liderança está ligada à capacidade de adaptação e à sensibilidade às necessidades dos funcionários.

Uma pesquisa australiana[10] examinou a relação entre a liderança responsável e o comprometimento organizacional, mediando os efeitos das intenções de mudança de emprego. Os resultados sugerem que líderes responsáveis,

---

[8] 8 EM CADA 10 profissionais pedem demissão por causa do chefe; veja os motivos. **G1**, 22 nov. 2019. Disponível em: https://g1.globo.com/economia/concursos-e-emprego/noticia/2019/11/22/8-em-cada-10-profissionais-pedem-demissao-por-causa-do-chefe-veja-os-motivos.ghtml. Acesso em: 20 maio 2024.

[9] ALKHAWAJA, A. Leadership style and employee turnover: a mythical relationship or reality? **M.A. in Leadership Studies: Capstone Project Papers**, n. 16, 2017. Disponível em: https://digital.sandiego.edu/solesmalscap/16/. Acesso em: 20 maio 2024.

[10] HAQUE, A.; FERNANDO, M.; CAPUTI, P. The relationship between responsible leadership and organisational commitment and the mediating effect of employee turnover intentions: an empirical study with Australian employees. **Journal of Business Ethics**, v. 156, n. 3, p. 759-774, 2019. Disponível em: https://www.jstor.org/stable/45107085. Acesso em: 20 maio 2024.

LÍDERES DESPREPARADOS GERAM LIDERADOS INSATISFEITOS.

OS 4 PILARES DA LIDERANÇA IMBATÍVEL
@RENATO.TRISCIUZZI

percebidos como éticos e de confiança, têm mais sucesso em reter funcionários e reduzir as intenções de turnover.

Em longo prazo, o turnover é uma ameaça às empresas, principalmente porque afeta a gestão do conhecimento. Mais do que isso, impacta a cultura organizacional da empresa, impedindo que ela se solidifique e imprima um perfil ao negócio ao longo dos anos.

Em certo tempo, uma grande empresa multinacional de comércio/supermercadista, com cerca de 40 mil empregados, por exemplo, chegou a ter uma rotatividade anual perto da casa dos 20%. Ou seja, todo ano, 20% do quadro de funcionários ia embora, e novos entravam. Era uma gama muito elevada de pessoas que deixavam a empresa.

Se pensarmos nesses números ao longo de cinco anos, veremos que a empresa trocou grande parte da equipe durante esse período. E aí, como ficam os valores? Será que teria dado tempo de todos conhecerem a cultura do negócio, sua organização? Porque não basta ler o papel com os dizeres bonitos na parede, é necessário pôr em prática esses conceitos nas atividades do dia a dia. Por isso o turnover afeta tão fortemente a gestão do conhecimento e a cultura das empresas.[11]

O prejuízo à gestão do conhecimento, por sua vez, pode levar à ruptura comercial e financeira se a empresa não conseguir entregar o que planejou. Imagine o gestor de um projeto que tenha calculado que uma indústria demoraria entre dezoito meses e dois anos para estar pronta e funcionar. Aí, ele tem um funcionário que, após seis meses, deixa o negócio. Então, entra outro, que também sai após seis meses. As entradas e saídas de pessoal deixam o projeto fragilizado, parecendo uma colcha de retalhos, pois, quando a fábrica abrir, ninguém que tenha planejado aquele empreendimento estará mais lá, ou haverá pouca gente dessa época. A má gestão do conhecimento, portanto, pode resultar em grandes perdas financeiras. Veja a seguir alguns dos principais impactos negativos associados ao alto turnover.

---

[11] O PREÇO do turnover: quanto a sua empresa perde com a saída dos colaboradores. **Maringá Post**, 14 maio 2024. Disponível em: https://maringapost. com.br/destaque/2024/05/14/o-preco-do-turnover-quanto-a-sua-empresa-perde-com-a-saida-dos-colaboradores/. Acesso em: 9 out. 2024.

Custos financeiros elevados

- *Recrutamento e treinamento*: substituir um funcionário, em média, pode custar até 20% do salário anual da posição, devido aos custos de recrutamento, contratação e treinamento de novos funcionários.[12]
- *Perda de produtividade*: novos funcionários levam tempo para atingir a produtividade plena, resultando em perda de eficiência durante o período de transição.[13]

Impacto no moral e na cultura organizacional

- *Efeito dominó*: altas taxas de turnover podem levar a um efeito dominó, em que a saída de um funcionário desencadeia a insatisfação e a saída de outros.
- *Cultura de instabilidade*: a alta rotatividade pode criar uma cultura de instabilidade e insegurança na empresa, afetando negativamente o engajamento dos funcionários remanescentes.[14]

Perda de conhecimento e expertise

- *Conhecimento implícito*: funcionários experientes têm conhecimento tácito valioso que é difícil de transferir para novos funcionários.
- *Interrupção de projetos*: a saída de membros-chave da equipe pode interromper projetos importantes e retardar o progresso.

---

[12] BOUSHEY, H.; GLYNN, S. J. There are significant business costs to replacing employees. **Center for American Progress**, 16 nov. 2012. Disponível em: https://www.americanprogress.org/article/there-are-significant-business-costs-to-replacing-employees/. Acesso em: 20 maio 2024.

[13] O PREÇO do turnover: quanto a sua empresa perde com a saída dos colaboradores. **Maringá Post**, 14 maio 2024. Disponível em: https://maringapost.com.br/destaque/2024/05/14/o-preco-do-turnover-quanto-a-sua-empresa-perde-com-a-saida-dos-colaboradores/. Acesso em: 9 out. 2024.

[14] PEIXOTO, H. Orgulho e senso de pertencimento como pilares da cultura corporativa. **IstoÉ Dinheiro**, 28 out. 2022. Disponível em: https://istoedinheiro.com.br/orgulho-e-senso-de-pertencimento-como-pilares-da-cultura-corporativa/. Acesso em: 9 out. 2024.

Comando e controle **27**

Impacto na qualidade do serviço e na satisfação do cliente

- *Inconsistência no atendimento*: a rotatividade constante pode acarretar inconsistências no atendimento ao cliente, resultando em insatisfação e perda de fidelidade dos consumidores.
- *Perda de relacionamentos*: funcionários que deixam a empresa podem levar consigo relacionamentos valiosos com clientes e parceiros.

Desafios de liderança

- *Exaustão dos líderes*: líderes que precisam constantemente gerenciar a rotatividade podem ficar sobrecarregados, comprometendo sua eficácia.
- *Tempo e foco*: o tempo gasto para recrutar e integrar novos funcionários pode desviar o foco das atividades estratégicas e de crescimento.

Reputação da empresa

- *Imagem no mercado*: a alta rotatividade pode prejudicar a reputação da empresa no mercado de trabalho, tornando-a menos atraente para potenciais candidatos qualificados.
- *Confiança dos investidores*: a percepção de instabilidade pode afetar a confiança dos investidores e impactar negativamente o valor de mercado da empresa.

Liderança e valores refletidos no cliente final

No que se refere à questão do valor de mercado da empresa e de que imagem ela transmite aos consumidores, engana-se quem pensa que os efeitos de uma liderança falha e de um turnover elevado restringem-se aos limites físicos do escritório de uma corporação. O cliente final está ligado aos valores e à cultura do negócio, pois tendemos a consumir somente aqueles produtos em que vemos o reflexo do que somos e do que desejamos para nós mesmos. Quando temos poder de escolha, optamos pelo consumo que espelha nossos valores e anseios.[15]

---

[15] CONSUMIDORES brasileiros priorizam compras com propósito. **Meio & Mensagem**, 15 dez. 2023. Disponível em: https://www.meioemensagem.com.br/marketing/proposito-no-consumo. Acesso em: 9 out. 2024.

É PRECISO SEMPRE TER CLAREZA DE SUA CULTURA E ENTENDER SEU PÚBLICO.

OS 4 PILARES DA LIDERANÇA IMBATÍVEL
@RENATO.TRISCIUZZI

É possível ver esse nível de fidelidade nos perfis de clientes de empresas como Apple, Nike, Under Armour, Harley-Davidson etc. Elas têm valores claros, e seus clientes são fiéis, pois se identificam com o conceito apresentado. Isso vale para marcas de qualquer segmento de produtos.

Quando a marca se liga a determinado conceito, isso tende a tornar os clientes fiéis a ela. Eu, por exemplo, cresci vendo diversas marcas de tênis, mas nunca me ative a nenhuma delas. Quando comecei a correr, soube que a Asics investia em alta tecnologia de corrida em seus produtos. Então, passei a só usar Asics. A ideia é para que o produto seja usado para essa atividade física, mas o comprometimento da marca também nos remete a certo controle de qualidade a fim de proporcionar uma experiência de corrida excelente ao comprador.

Certa vez, assisti a uma palestra do João Branco – que, entre outras experiências, foi vice-presidente de marketing do McDonald's e é autor do livro *Desmarketize-se: o novo marketing não parece marketing* –, e ele disse que a famosa rede de fast food estadunidense caiu nas graças do povo brasileiro por ser uma marca acessível, familiar, que traz variedade e brinquedos junto aos lanches e atraiu para si o cidadão comum de classe média.[16]

No entanto, houve uma época em que tentaram "gourmetizar" os lanches da rede seguindo os apelos da matriz. No entanto, falharam miseravelmente nessa missão, já que seus consumidores eram os cidadãos de classe média. Assim, a fase mais desafiadora da marca foi quando ela se arriscou a desvirtuar seu DNA junto ao povo brasileiro, tentando fugir à própria cultura. Por isso, é preciso sempre ter clareza de sua cultura e entender seu público.

Com esse exemplo, compreendemos que cultura é fundamental para o sucesso de uma empresa, e os líderes são os principais propagadores e guardiões da cultura. O estilo de liderança da organização precisa respeitar esses valores e propagá-los constantemente, mas nem sempre isso acontece.

Quando o poder da liderança dá margem ao assédio

Para além da estrutura moldada em comando e controle, outro fator que determinou a formação dos líderes até o século passado foi o fato de termos crescido

---

[16] BRANCO, J. **Desmarketize-se**: O novo marketing não parece marketing. São Paulo: Gente, 2023.

com as autoridades bem definidas. Da época de meus pais até algumas décadas antes dos anos 2000, não eram raros os testemunhos de que, em sala de aula, por exemplo, os professores impunham a disciplina por meio de reprimendas físicas. Esse era, então, o *statu quo*, o molde que formava o caráter das pessoas.

Quando transportamos tal realidade para o ambiente corporativo, muitas vezes temos, além da figura da autoridade clara e definida, colaboradores que necessitam de seus trabalhos para viver. Essa é a condição, aliás, da maioria dos brasileiros.

Assim, cria-se uma relação tóxica entre a autoridade e os subordinados a ela, com metas irreais, assédio moral, profissionais coagidos, receando uma demissão iminente por causa das altas taxas de desemprego no país e na dependência do próprio salário para viver.

Há muitos profissionais em cargos de poder que se utilizam dessa posição para coagir seus liderados. A analogia que se estabelece com o ambiente de guerra, nesse caso, é ainda mais prejudicial ao ambiente corporativo, porque, se na guerra são vidas que estão em jogo e a obediência servil é quase uma ferramenta de sobrevivência, no ambiente corporativo essa comparação é completamente assimétrica. Nas corporações, há momentos em que as ordens carecem de explicação e deveriam ser passíveis de questionamento por parte dos executores.

O que esses líderes precisavam ter em vista é que nunca pode faltar o respeito. É parecido com o que se estabelece na relação entre pais e filhos: ali também há disputa de poder, mas o respeito é primordial para que a relação se mantenha saudável. Isso às vezes não acontece no ambiente profissional.

A repetição de padrões, muito replicada no final do século XX, segue ativa porque grande parte das pessoas em cargos de comando naquela época ainda está no poder. Elas acabam perpetuando tais padrões e não evoluem como líderes ao não procurarem entender seus liderados, ao não os respeitarem.

Felizmente, porém, essa realidade começa a mudar.[17] Algumas pessoas e entidades perceberam a importância de ouvir e criaram ferramentas como

---

[17] NÚMERO de denúncias éticas aumentam e demonstram conscientização da sociedade. **Tribuna Hoje**, 30 jan. 2024. Disponível em: https://tribunahoje.com/noticias/brasil/2024/01/30/133095-numero-de-denuncias-eticas-aumentam-e-demonstram-conscientizacao-da-sociedade. Acesso em: 9 out. 2024.

a ouvidoria, o canal de denúncia, o café da manhã com o presidente, enfim, espaços de comunicação para ouvir os liderados, o que impulsionou uma evolução em suas estruturas.

Em muitos países, como Estados Unidos, França, Alemanha e Dinamarca, os assédios moral e sexual passaram a ser considerados crimes.[18] Cada vez mais a Justiça se depara com casos de processo por conta disso. Ainda vivemos uma situação econômica de subsistência, então muitos dos problemas de abuso por parte da liderança se devem a esse fato. Os empregados ainda não conseguem ter opções de para onde ir nem condições financeiras para dar um basta ao abuso. Essa é uma questão que ainda atrasa o avanço da liderança no Brasil.[19]

Alguns desdobramentos dessa cultura da dominação econômica e do assédio são:

- *Cultura de intimidação*: quando líderes fazem cobranças excessivas ou demasiadas sem oferecer o suporte necessário e se utilizando de meios desrespeitosos, como comunicação grosseira ou ameaçadora, isso pode ser percebido como uma forma de intimidação e, consequentemente, de assédio moral.[20]
- *Ambiguidade e frustração*: quando os colaboradores não têm metas claras, não sabem bem o que se espera deles. Isso pode gerar frustração e insegurança, aumentando o estresse no ambiente de trabalho. Sem metas reais e específicas, é difícil medir o desempenho dos colaboradores de maneira objetiva, e as cobranças podem parecer arbitrárias e injustas.

---

[18] SEXUAL harassment at workplace: legislations in different countries. **iPleaders**, 6 jn. 2014. Disponível em: https://blog.ipleaders.in/sexual-harassment-legislations-different-countries/. Acesso em: 9 out. 2024.

[19] AMORIM, W. A. C. de et al. HRM in Brazil: an institutional approach. **Revista de Gestão**, v. 28, n. 1, p. 84-99, 2021. Disponível em: https://www.emerald.com/insight/content/doi/10.1108/REGE-08-2020-0074/full/pdf. Acesso em: 9 out. 2024.

[20] COBRAR metas respeitando trabalhador não configura assédio moral. **Migalhas**, 14 dez. 2022. Disponível em: https://www.migalhas.com.br/quentes/378648/cobrar-metas-respeitando-trabalhador-nao-configura-assedio-moral. Acesso em: 9 out. 2024.

- *Ambiente tóxico*: a ausência de feedback positivo e construtivo tem o potencial de criar um ambiente em que a crítica é predominante. Isso pode facilmente escalar para um ambiente de trabalho tóxico, no qual há desrespeito entre os colaboradores, competição destrutiva, falta de ética e de inclusão, entre outros aspectos negativos; é um ambiente onde o assédio moral se torna mais provável.[21]

O desafio de estruturas organizacionais horizontais

Vivemos uma transformação no mercado, em que os organogramas das empresas estão se horizontalizando, ou seja, estão com seus níveis hierárquicos postos lado a lado e não mais de modo vertical, como antigamente. Poderíamos pensar que isso trará menos demanda de líderes, visto que todos os elos da cadeia acabam ficando meio igualados, tendo em teoria o mesmo nível hierárquico, certo?

Na verdade, esse é um pensamento equivocado. Quanto mais horizontal é uma organização, maior é a necessidade de ter bons líderes. A ausência deles pode tornar o ambiente anárquico. É nos ambientes horizontais que mais precisamos de entendimento entre as partes, união, empatia, boa comunicação, racionalização de necessidades e recursos etc. Já no formato piramidal tradicional, criam-se silos, o que requer líderes inspiradores para quebrar barreiras, verdadeiros líderes imbatíveis para unir pessoas e áreas em prol de um objetivo em comum.

Um dos termos-chave para esses novos tempos de hierarquia horizontal é o consenso, o que demanda um altruísmo muito grande. É aceitar aquilo com que você não concorda totalmente, em prol de um bem maior. Também é preciso haver convencimento, uma arma de comunicação importante, sobre a qual falaremos mais adiante.

---

[21] KRUNFLI, M. Liderança tóxica: novas gerações podem mudar o ambiente de trabalho? **Forbes**, 11 jun. 2024. Disponível em: https://forbes.com.br/carreira/2024/06/lideranca-toxica-novas-geracoes-podem-mudar-o-ambiente-de-trabalho/. Acesso em: 9 out. 2024.

O líder imbatível tem o poder de propagar valores de uma cultura organizacional saudável, pautada no respeito e em metas reais, além de fornecer feedback construtivo. Mas você sabe quais são as vulnerabilidades dos líderes que ainda estão a caminho de uma gestão humanizada? No próximo capítulo, veremos as principais inseguranças dos líderes de hoje.

A MÁ GESTÃO DO CONHECIMENTO, PORTANTO, PODE RESULTAR EM GRANDES PERDAS FINANCEIRAS.

OS 4 PILARES DA LIDERANÇA IMBATÍVEL
@RENATO.TRISCIUZZI

02

A SOLIDÃO DO LÍDER

"Nenhum homem será um grande líder se quiser fazer tudo sozinho ou se quiser levar todo o crédito por fazer isso."

Andrew Carnegie[22]

Já vimos que o histórico de gestão nas últimas décadas fez com que prevalecesse o modelo de comando e controle, no qual uma figura que representa a autoridade exerce poder sobre seus liderados, geralmente considerados meros executores das ações que o líder julga pertinentes à manutenção e ao sucesso da empresa. Nesse modelo, as ordens vêm de cima para baixo, e não cabe qualquer questionamento sobre a validade delas.

Os líderes são tidos como detentores do saber e, por isso, são pouco suscetíveis a admitir e tolerar erros. Como desfrutam dessa posição elevada e inquestionável, tendem a ficar em cenários mais homogêneos, sem correr riscos nem enfrentar grandes disputas para manter sua posição e seu reconhecimento. A maioria quer permanecer na própria zona de conforto.

Ao falhar, é comum que um líder coloque a culpa em alguém em vez de admitir o próprio passo em falso. Não há espaço para dúvidas nem a possibilidade de assumir a própria vulnerabilidade. Aliás, assumir um erro é

---

[22] COMO ser um bom líder em qualquer empresa: guia prático. **FIA Business School**, 13 jun. 2018. Disponível em: https://fia.com.br/blog/como-ser-um-bom-lider/. Acesso em: 9 out. 2024.

algo que muitos líderes não fazem. Gestores mais velhos, com idade superior a 50 anos, costumam ser os mais resistentes a isso.[23]

Além de não encararem as próprias vulnerabilidades, outro ponto de resistência de líderes mais conservadores tem a ver com os modelos de trabalho híbrido e 100% remoto. Embora profissionais de muitas áreas já atuassem de modo remoto em certas situações muito antes de isso virar temporariamente uma regra por conta da pandemia, formalizar uma rotina que inclua a atuação à distância é algo que desagrada aos gestores mais velhos ou autoritários. Eles tendem a ficar contrariados porque, nesses modelos de trabalho, não conseguem olhar seus liderados e, assim, ter a impressão de controlar a execução das tarefas.[24]

O problema por trás de tal atitude é que o líder do passado, e alguns ainda de hoje em dia, só estão preocupados com os entregáveis. Nesse cenário em que muitos ascenderam ao posto de líderes, mas não deixaram de ser táticos e operacionais, focados na realização de tarefas cotidianas, o controle de pessoas se revela como o medo de se sentir impotente. Eles precisam controlar o horário de seus liderados justamente para confirmar que tudo foi executado.

A aversão dos gestores ao trabalho remoto é tanta que, em 2019, um estudo do Instituto Brasileiro de Geografia e Estatística (IBGE) revelou que apenas 5,2% dos brasileiros com emprego atuavam em home office.[25] Já durante a pandemia, números da consultoria Korn Ferry mostram que 85% das empresas adotaram totalmente o modelo, segundo pesquisa realizada com 170 empresas em novembro de 2021. "Os números surpreenderam:

---

[23] PICCHI, F. Quer que os liderados reconheçam seus erros? Comece reconhecendo os seus. **Época Negócios**, 4 maio 2022. Disponível em: https://epocanegocios. globo.com/colunas/Enxuga-Ai/noticia/2022/05/quer-que-os-liderados-reconhecam-seus-erros-comece-reconhecendo-os-seus.html. Acesso em: 9 out. 2024.

[24] CARBINATTO, B. Fim do home office? Entenda o declínio do trabalho remoto no mundo. **Você S/A**, 17 ago. 2023. Disponível em: https://vocesa.abril.com. br/carreira/e-o-fim-do-home-office-entenda-o-declinio-do-trabalho-remoto-no-mundo. Acesso em: 9 out. 2024.

[25] *Ibidem.*

85% das empresas é um grupo significativo", afirmou Fernando Guimarães, diretor da área de estratégias organizacionais e de talento da Korn Ferry para América do Sul.[26] Então, sim, os números se elevaram nesse período, mas não foi nada que permanecesse por muito mais tempo.

Digo isso porque, após a pandemia, a Nike, por exemplo, resolveu convocar todos os colaboradores de volta aos escritórios, por perceber que seus valores estavam começando a se perder com o trabalho remoto. O CEO da marca, John Donahoe, afirmou que "é realmente difícil fazer inovações ousadas e disruptivas, desenvolver um calçado ousadamente disruptivo via Zoom".[27]

Na verdade, essa atitude demonstra mais a falta de habilidade do líder e de sua equipe de trabalhar com ferramentas que otimizam o trabalho à distância do que qualquer outra deficiência. Eles não souberam se adaptar ao cenário que demanda o uso de novas tecnologias porque seus gestores provavelmente olhavam para uma tela e viam um computador, e não uma pessoa. Perderam a percepção do outro, ainda que de maneira virtual. Talvez ficassem muito tempo sem falar com todos os membros da equipe e isso causasse uma dissolução do sentimento de pertencimento a uma mesma cultura.

Com posturas como essa, os líderes têm permitido que o ambiente remoto leve à desconexão de seus liderados. No entanto, o real problema é a dificuldade de se adaptar e criar rituais e dinâmicas, como um café da manhã virtual com os liderados ou encontros quinzenais presenciais, entre outras atividades que têm o poder de reaproximar esses profissionais.

É preciso falar com o lado humano e social dos colaboradores para que eles se sintam acolhidos e possam realizar com maestria as atividades para as quais foram contratados. Por exemplo, não deveria passar pela cabeça de um gestor exigir que o funcionário trabalhe por horas a fio sem um mínimo

---

[26] SUTTO, G. 85% das empresas do país adotaram o trabalho remoto na pandemia, mostra pesquisa. **InfoMoney**, 26 fev. 2022. Disponível em: https://www.infomoney.com.br/minhas-financas/85-das-empresas-do-pais-adotaram-o-trabalho-remoto-na-pandemia-mostra-pesquisa/. Acesso em: 9 out. 2024.

[27] CEO DA Nike culpa home office por falta de inovação na empresa. **Poder360**, 18 abr. 2024. Disponível em: https://www.poder360.com.br/poder-empreendedor/ceo-da-nike-culpa-home-office-por-falta-de-inovacao-na-empresa. Acesso em: 9 out. 2024.

descanso. Se não houver um tempo reservado para a descompressão, a pessoa simplesmente não performa. É questão de entender que o profissional é um ser humano, não um robô.

Outro exemplo de prática conservadora que ainda se vê no ambiente corporativo é a adoção de um dress code. Não é raro ver líderes mais antigos que, sob a desculpa da cultura da empresa, impeçam seus liderados de usar roupas coloridas, dando preferência a trajes mais sóbrios, em tons de preto ou cinza, ou que praticamente proíbam tatuagens aparentes, piercings ou brincos em homens, o que é bastante descabido nos dias de hoje.

No início de minha carreira, cheguei a ter chefes que não contratavam pessoas tatuadas. Chefes que não contratavam mulheres, com a desculpa de que demandariam mais custos com viagens – afinal, homens podiam ficar alojados em quartos com outros homens, mas não com mulheres, sendo que a maioria dos colaboradores eram homens. Felizmente, essa postura inadequada e sem fundamento já está caindo em desuso com as novas gerações.

Os líderes das grandes corporações, porém, ainda pertencem à geração dos *baby boomers*, ou seja, nascidos entre os anos de 1946 e 1964. Além disso, no Brasil, a maior quantidade de empregadores estão em pequenas e médias empresas,[28] e a evolução sociocultural e comportamental ainda se concentra muito nos grandes centros urbanos. Por todos esses fatores, o meio empresarial brasileiro é conservador. Não temos uma gestão diversa. Em muitos ambientes, seguimos atrelados ao modelo de comando e controle, o que favorece um ambiente de medo nas empresas.

Não se abrir às ideias dos novos tempos faz com que esses líderes mais antigos percam a riqueza que existe na diversidade de pensamento e opinião, que implica tomar decisões mais acertadas e, consequentemente, obter melhores resultados. Os profissionais pertencentes às gerações mais novas, como os *millennials* (nascidos entre 1981 e 1996), por exemplo, já são mais

---

[28] PEQUENOS negócios em números. **Sebrae,**, 7 jun. 2018. Disponível em: https://sebrae.com.br/sites/PortalSebrae/ufs/sp/sebraeaz/pequenos-negocios-em-numeros,12e8794363447510VgnVCM1000004c00210aRCRD. Acesso em: 9 out. 2024.

É PRECISO FALAR COM O LADO HUMANO E SOCIAL DOS COLABORADORES PARA QUE ELES SE SINTAM ACOLHIDOS E POSSAM REALIZAR COM MAESTRIA AS ATIVIDADES PARA AS QUAIS FORAM CONTRATADOS.

OS 4 PILARES DA LIDERANÇA IMBATÍVEL
@RENATO.TRISCIUZZI

abertos, não têm problemas em demonstrar fraquezas e apresentam mais aptidão às inovações tecnológicas.[29]

Gerações diferentes com dilemas variados

Há questões que significavam muito pouco para os *baby boomers*, mas são fundamentais para o engajamento e a colaboração dos pertencentes às gerações dos *millennials* em diante. Uma delas é o propósito. Os mais jovens têm a necessidade de entender o porquê de fazer o que fazem, seja ligar para um cliente, atualizar tabelas de preços ou conferir notas fiscais toda semana. E não basta entender as razões de cada tarefa: eles precisam saber como cada coisa se conecta no ambiente da empresa, ter uma visão holística de cada atividade. O líder imbatível deve ter essa visão do todo e saber transmiti-la.

Outra preocupação dos mais jovens está relacionada ao impacto causado pela empresa no mundo, e isso se refere aos propósitos do negócio, que devem estar alinhados com os seus próprios. Eles querem saber o que podem entregar à sociedade, principalmente quando estão desenvolvendo novos projetos.

Há líderes que não veem como sua obrigação inspirar, apenas bater metas. Com as pessoas mais jovens, esse *modus operandi* não funciona. Atingir bons números de venda só para gerar lucro não tem sentido para essas gerações se tal objetivo não estiver atrelado a algum possível impacto positivo no mundo.

Também gera ruídos no ambiente corporativo certa aura de confidencialidade que paira sobre os gestores ineficientes. Guardar a sete chaves as informações inerentes à rotina do negócio – como planos de reestruturação e demissão, detecção de falha em algum produto, insucesso de alguma operação – infantiliza os liderados e não os prepara para as adversidades que podem surgir ao longo do trabalho. O mundo dos

---

[29] NOVAS gerações são mais frágeis e mimadas? **BBC News Brasil**, 7 mar. 2022. Disponível em: https://www.bbc.com/portuguese/geral-60608618. Acesso em: 9 out. 2024.

negócios é duro mesmo, mas os profissionais não podem ser poupados de suas agruras.

Além disso, quando o líder não se abre, não estimula seus liderados a fazerem o mesmo nem desenvolve uma relação de conexão e confiança com eles. Quando há conexão, no entanto, minimiza-se o medo de se expor e de tomar decisões, o medo de receber críticas.

Por isso, é preciso saber tomar decisões colegiadas. Ninguém perde poder ao pedir ajuda e aconselhamento de pares ou liderados. Quando você compartilha seus receios e toma uma decisão colegiada, amparado por sua equipe, isso gera o comprometimento de todos os membros, uma sensação de cumplicidade e senso de pertencimento.

Medos comuns aos líderes

Para nós, que crescemos e vivenciamos essa realidade durante a carreira, ou aqueles líderes que ainda se baseiam em modelos tradicionais de comando e controle, é importante reconhecer as dificuldades e os medos que permeiam essa abordagem. Existem líderes que frequentemente enfrentam desafios profundos relacionados à adaptação em um mundo em que a liderança transformacional e colaborativa se torna cada vez mais valorizada. Compreendo que tais mudanças provocam insegurança, pois abandonar o controle rígido pode parecer uma perda de autoridade e clareza.

Entender essas dores é fundamental para validar as experiências e os sentimentos desses líderes. Muitos se sentem isolados, acreditando que a rigidez é uma necessidade para manter o respeito e a produtividade de suas equipes. No entanto, há um número significativo de líderes que compartilham desses mesmos medos e desafios. É normal sentir-se vulnerável em meio à transição para um modelo de liderança mais flexível. Reconhecer essa realidade não apenas acolhe tais sentimentos, mas também oferece um caminho empático para explorar novas formas de liderança que equilibram o controle com a confiança, e a autoridade com a inspiração.

Por estarem em posição de exposição e sujeitos aos julgamentos e críticas dos mais variados possíveis, há uma gama de temores que acometem os líderes. A seguir estão listados alguns dos que pude vivenciar em minha própria trajetória e observar em meus pares e chefes.[30]

Medo de falhar

O primeiro medo está relacionado à entrega de resultados. Os gerentes às vezes têm receio de implementar novas estratégias que podem não gerar os resultados esperados. A preocupação é ser responsabilizado pelo baixo desempenho se a estratégia falhar e, assim, perder a confiança da equipe e dos superiores.

Medo de não ser respeitado

Além da confiança, o respeito é fundamental na relação entre líderes e liderados. Não é raro que um gestor recém-promovido, por exemplo, tema que sua equipe não o respeite ou não o veja como uma autoridade legítima, ainda mais quando é promovido a líder da equipe à qual pertencia em pé de igualdade. Esse medo pode levar a tomadas hesitantes de decisão ou a abordagens excessivamente autoritárias.

Medo de delegar

Há aqueles líderes que, por não saberem lidar com a equipe ou não terem total confiança nela ou em si mesmos, apresentam dificuldades para delegar. Um gestor pode ter receio de delegar tarefas importantes a seus subordinados, temendo que eles não consigam cumpri-las com a mesma qualidade ou dentro do prazo estipulado. Isso pode resultar em sobrecarga de trabalho para o próprio gestor e em falta de desenvolvimento para a equipe.

A busca pela perfeição muitas vezes causa atraso na entrega de tarefas que poderiam ser resolvidas de maneira simples. Há líderes que receiam tanto que seus liderados não desempenhem suas funções de acordo com um

---

[30] HUBBART, J. A. Understanding and mitigating leadership fear-based behaviors on employee and organizational success. **Administrative Sciences**, v. 14, n. 9, 2024. Disponível em: https://doi.org/10.3390/admsci14090225. Acesso em: 9 out. 2024.

padrão de qualidade rígido determinado por eles, que acabam assumindo a atividade que deveria ser executada por outro.

Medo de se envolver em conflitos

Os confrontos no ambiente corporativo também são motivo de receio. Pode acontecer de um gestor evitar confrontar um membro da equipe que não está cumprindo suas responsabilidades por medo de criar um ambiente de trabalho hostil. Isso pode acarretar problemas de desempenho não resolvidos e um impacto negativo no moral da equipe.

Medo de tomar decisões impopulares

Há quem tenha receio de se tornar impopular por conta de algumas medidas, como gestores que hesitam em implementar ações necessárias ou demandadas por superiores – cortes de orçamento ou benefícios, demissões etc. – ou mudanças na estrutura da equipe, temendo que essas decisões não sejam bem recebidas e prejudiquem o relacionamento com a equipe e os stakeholders.

Medo de não atender às expectativas

O temor da impopularidade é tão comum quanto o de não atender às expectativas. Às vezes, são estipuladas metas agressivas pela alta administração que, quando não são atingidas – ou quando a viabilidade delas é questionada –, podem fazer o gestor ser visto como incompetente ou incapaz.

Medo de perder o controle

A questão da competência passa por vários meandros, desde o receio de ser impopular ou incapaz até o medo de perder o controle das atividades da empresa. Por mais incrível que pareça, há gestores que têm receio de que a implementação de novas metodologias de trabalho, como o Agile – que nada mais é do que uma metodologia que surgiu no ambiente de desenvolvimento de softwares para diminuir processos burocráticos e agilizar a conclusão de tarefas –, possa provocar uma perda de controle dos processos e dos resultados da equipe.

Medo de ser alvo de críticas

Tais implementações, que na verdade são feitas para a melhoria de processos e não deveriam causar estranhamento, podem expor os líderes a críticas. Muitos acabam se sentindo ameaçados por ter que tomar decisões inovadoras e se expor, saindo, assim, da zona de conforto, devido à possibilidade de receber críticas tanto da equipe quanto de seus superiores.

Medo de falhar na comunicação

Tais críticas podem vir na forma de questionamentos por parte de seus liderados na figura de gerações mais jovens, como comentei anteriormente. Há quem evite dar feedback ou instruções, acreditando que não será bem compreendido por sua equipe, levando a mal-entendidos, falhas na execução e frustração geral.

Medo de interagir com outras áreas

O receio de ser criticado, inclusive, pode isolar os líderes em seus departamentos. Ao longo de minha trajetória, já vi profissionais que não gostavam de interagir com outras áreas, perdendo possibilidades de se desenvolver ao conhecer outros ambientes e atividades.

Todas essas inseguranças, no entanto, são normais e fazem parte do desenvolvimento de qualquer líder. Reconhecer os próprios medos e trabalhar ativamente para superá-los pode ajudar os gestores a se tornarem líderes mais eficazes e confiantes, ou seja, verdadeiros líderes imbatíveis!

As delicadas relações entre líderes e liderados

Muita gente confunde as relações cordiais do ambiente de trabalho com laços de amizade criados fora dos limites corporativos. Já vi líderes que viam seus liderados como amigos ou colegas, mas nem sempre isso era verdade.

Apesar de esses limites serem delicados, quando acontece de à relação migrar do trabalho para a vida, transformando colegas de trabalho em amigos, pode ocorrer até um aumento de produtividade.

A pesquisadora Jessica Methot e sua equipe, da Rutgers University, em Nova Jersey, Estados Unidos, conduziram um estudo[31] com 168 funcionários de uma empresa de seguros americana. A conclusão foi de que os entrevistados que tinham amizades dentro do ambiente de trabalho se sentiam mais seguros ao pedir ajuda aos amigos. Eles tinham menos medo de serem julgados ou vistos como funcionários ruins – aqui, novamente, notamos o medo das críticas como um atravancador do desempenho.

Construir relações afetivas pode ser positivo, mas não deve ser obrigatório em uma empresa, assim como não deve ser obrigatório enxergar o líder como uma autoridade suprema e distante. Há liderados que pensam que são soldados e que, nessas condições, têm de obedecer a todas as ordens sem nem questionar.

As fronteiras podem ficar nebulosas quando os gestores são um pouco mais assertivos e objetivos. Quando se mostram mais pragmáticos e agem sem rodeios, os líderes costumam ser vistos como carrascos ou insensíveis. Já quando tendem a dar mais abertura ao diálogo com os colegas, podem ser considerados bonzinhos demais ou até mesmo "frouxos". Nenhuma dessas visões tende a construir relações saudáveis e positivas.

Por isso, é sempre salutar encontrar um meio-termo e estabelecer uma relação humana em que prevaleça o respeito, entendendo os limites mínimos de interação e ordenamento *versus* o extremo de permissividade na relação.

Dado tudo o que foi dito até aqui, você pode pensar que a liderança é um posto desafiador demais, cheio de meandros e que não vale a pena tentar encontrar um equilíbrio sendo líder. Eu afirmo a você, leitor, que não há nada mais equivocado do que pensar assim. Apesar de todas as agruras – e do trabalho – que existe em ser um líder inspirador, não há recompensa maior que ver uma equipe crescer quando é reflexo de seu próprio crescimento. Por isso, quero que continue comigo nesta jornada

---

[31] TRABALHAR com amigos aumenta a produtividade, segundo estudo. **Época Negócios**, 30 maio 2017. Disponível em: https://epocanegocios.globo.com/Carreira/noticia/2017/05/trabalhar-com-amigos-aumenta-produtividade-segundo-estudo.html. Acesso em: 27 maio 2024.

rumo à consciência do que é necessário fazer para tornar-se um líder imbatível e transformar vidas. Tenho certeza de que você se surpreenderá com o resultado!

O LÍDER IMBATÍVEL DEVE TER ESSA VISÃO DO TODO E SABER TRANSMITI-LA.

OS 4 PILARES DA LIDERANÇA IMBATÍVEL
@RENATO.TRISCIUZZI

03

O AMEAÇADOR MUNDO LÍQUIDO

"A geração mais tecnologicamente equipada da história humana é aquela assombrada por sentimentos de insegurança e desamparo."

Zygmunt Bauman[32]

Desde meados do século XX, e mais incisivamente nas últimas décadas dele, passamos pela chamada Revolução Digital ou Terceira Revolução Industrial. O surgimento do computador, da internet e de todos os aparelhos móveis que vieram depois deles transformou nossa realidade de maneira profunda e inexorável.

Segundo o sociólogo e filósofo polonês Zygmunt Bauman,[33] estamos vivendo a modernidade líquida, um tempo em que a fluidez e a volatilidade são características determinantes e transformam todos os aspectos da vida, como o convívio social, o trabalho, as relações afetivas etc. Com isso, vivemos uma realidade fluida, em movimento constante e bem imprevisível.

As gerações mais antigas, das quais falamos anteriormente, presenciaram a mudança de um mundo analógico para um de caráter digital e globalizado. Elas viram novas tecnologias surgindo e ou se adaptaram a elas, ou se perderam pelo caminho. Por isso, hoje, a falta de conhecimento

---

[32] BAUMAN, Z.; LYON, D. **Liquid surveillance**: a conversation. Cambridge: Polity Press, 2013. (Tradução livre)

[33] BAUMAN, Z. **Modernidade líquida**. Rio de Janeiro: Zahar, 2021.

em tecnologia aflige muitos líderes, trazendo o sentimento de insegurança e o medo de ficar obsoleto e ser trocado.[34]

Estamos neste mundo líquido, que muda rapidamente, e a tecnologia é um dos principais motores dessa transformação. Tal velocidade cria um ambiente de volatilidade e incerteza, no qual os líderes precisam tomar decisões informadas e rápidas para manter a competitividade de suas empresas; caso contrário, correm o risco de sucumbir.

Os gestores podem sentir-se inadequados para acompanhar as novas tendências e inovações,[35] o que pode impactar negativamente sua capacidade de liderar equipes, que muitas vezes são mais jovens e mais tecnológicas. Isso é exacerbado pelo fato de que as novas gerações têm uma relação muito mais natural e integrada com a tecnologia, o que aumenta a pressão sobre os líderes para que se atualizem sempre.

Além disso, esse desconhecimento leva a uma resistência à mudança, o que pode ser prejudicial em um mercado muitíssimo competitivo. A incapacidade de entender e implementar novas tecnologias pode resultar em perda de eficiência, aumento de custos e perda de oportunidades para inovação e crescimento.

Líderes que não dominam a tecnologia enfrentam dificuldades na comunicação e no engajamento de suas equipes, especialmente quando se trata de implementar novos processos ou utilizar ferramentas digitais. A falta de confiança em suas habilidades tecnológicas pode minar sua autoridade e credibilidade, tornando mais difícil a tarefa de inspirar e motivar seus colaboradores.

---

[34] DOMINGOS, G. É normal ter medo das mudanças trazidas pelas novas tecnologias; o desafio é não se deixar paralisar. **Época Negócios**, 2 dez. 2023. Disponível em: https://epocanegocios.globo.com/colunas/coluna/2023/12/e-normal-ter-medo-das-mudancas-trazidas-pelas-novas-tecnologias-o-desafio-e-nao-se-deixar-paralisar.ghtml. Acesso em: 9 out. 2024.

[35] SMITH, J. Employees struggle to adapt to new workplace technology. **Insight**, 30 mar. 2020. Disponível em: https://workplaceinsight.net/employees-struggle-to-adapt-to-a-workplace-technology/. Acesso em: 9 out. 2024.

A atenção aos desafios do mundo contemporâneo

O estar antenado às novas soluções e modos de trabalho impacta não só o aspecto técnico dos gestores, mas também a maneira como se comunicam e se relacionam com seus liderados. A quantidade de inovação existente no mercado é exponencial. Logo, o líder precisa estar aberto a novas ideias e jeitos diferentes de se trabalhar, que geralmente são trazidos pelos mais novos. Os desafios que o mundo contemporâneo impõe aos líderes, em termos de tecnologia e inovação, são numerosos e complexos. Veja a seguir alguns dos principais.

Transformação digital

Liderar a transformação digital de uma organização é um processo complexo, que envolve a integração de novas tecnologias em todas as áreas do negócio. Isso inclui a automação de processos, o uso de *big data* e inteligência analítica, bem como a implementação de inteligência artificial e *machine learning*. Não é raro que o líder não conheça algum desses conceitos e tenha que correr para se atualizar.

Cibersegurança

Com o aumento da digitalização, as ameaças cibernéticas tornaram-se mais frequentes e sofisticadas. Os líderes (e não só os líderes de áreas de tecnologia, mas *todos* os líderes da organização) precisam garantir que suas empresas tenham robustos sistemas de segurança cibernética para proteger dados sensíveis e evitar ataques. Em 2018, foi aprovada a Lei nº 13.709,[36] que assegura os direitos dos cidadãos quanto à proteção dos dados, então é preciso que os líderes tenham algum domínio sobre o tema para evitar dores de cabeça.

---

[36] BRASIL. **Lei nº 13.709 de 14 de agosto de 2018**. Lei Geral de Proteção de Dados Pessoais (LGPD). Disponível em: https://www.planalto.gov.br/ccivil_03/_ato2015-2018/2018/lei/l13709.htm. Acesso em: 9 out. 2024.

Adaptação cultural

A inovação tecnológica muitas vezes requer uma mudança na cultura organizacional. Os líderes devem fomentar uma cultura que valorize a inovação, a experimentação e a aceitação do fracasso como parte do processo de aprendizagem. Isso envolve uma maior aceitação do erro e da própria vulnerabilidade.

Gestão de mudanças

Implementar novas metodologias e tecnologias pode ser desafiador devido à resistência dos funcionários. Os líderes precisam ser habilidosos na gestão de mudanças, comunicando claramente os benefícios das novas técnicas e ferramentas e proporcionando treinamento adequado para garantir uma transição suave. Isso nem sempre é tranquilo, porque os próprios líderes muitas vezes se sentem inseguros quanto às inovações proporcionadas aos negócios.

Competência digital

Os líderes devem ter um nível suficiente de competência digital para tomar decisões pautadas em tecnologia e entender o impacto potencial dessas tecnologias nos negócios. Por isso, embora haja resistência no dia a dia por parte de muitos gestores, a atualização constante é fundamental.

Inovação sustentável

A inovação deve ser sustentável e considerar os impactos ambientais e sociais. Os líderes devem garantir que suas empresas adotem práticas responsáveis e que as novas tecnologias contribuam para a sustentabilidade a longo prazo. Até porque a não sustentabilidade pode desmotivar liderados mais jovens, indo contra seus propósitos e prejudicando a performance da equipe.

Colaboração e parcerias

A complexidade das mudanças metodológicas e tecnológicas muitas vezes requer a colaboração com outras empresas, startups, universidades e instituições de pesquisa; cabe aos líderes formar e gerenciar essas parcerias estratégicas. Gestores que não saibam se comunicar precisam de aprimoramento; caso contrário, podem se sentir inaptos a desempenhar tais tarefas.

Personalização e experiência do cliente

Com as novas tecnologias, as expectativas dos clientes em termos de personalização e experiência aumentaram. Os líderes devem garantir que suas empresas utilizem dados e tecnologias avançadas para oferecer experiências personalizadas e melhorar a satisfação do cliente. Então, entre os desafios de gestão, entrega de resultados e cuidado com liderados também está o foco constante em proporcionar uma experiência excelente aos clientes. É como estar sempre equilibrando pratos.

Tomada de decisões com base em dados

A capacidade de coletar e analisar grandes volumes de dados é crucial. Os líderes precisam desenvolver competências em *data analytics* para tomar decisões informadas e estratégicas. Nem todos têm facilidade para analisar dados, então devem buscar atualização e estudos constantes para não ficar para trás.

Ética e responsabilidade

Com o avanço da tecnologia, questões éticas e de responsabilidade, especialmente relacionadas ao uso de dados pessoais e inteligência artificial, tornam-se cada vez mais relevantes. Os líderes devem estabelecer e seguir diretrizes de condutas éticas rigorosas para o uso da tecnologia na condução de seus negócios e no relacionamento com seus liderados.

Os reflexos do despreparo no dia a dia

Líderes e colaboradores não familiarizados com novas tecnologias podem resistir à sua implementação. Mesmo quando a tecnologia está disponível, a falta de conhecimento de como usá-la corretamente pode resultar em subutilização. Ferramentas avançadas de produtividade, como softwares de gerenciamento de projetos, de Customer Relationship Management (CRM) e plataformas de colaboração, podem não ser aproveitadas em seu potencial máximo, levando a processos menos eficientes.

As ferramentas tecnológicas modernas facilitam a comunicação e a colaboração entre equipes, ainda mais em ambientes de trabalho remoto ou híbrido. Mas o uso inadequado dessas ferramentas pode provocar problemas

O ameaçador mundo líquido **55**

de comunicação, mal-entendidos e colaboração ineficiente – como, arrisco dizer, muito provavelmente aconteceu com a Nike.

Os funcionários podem se sentir frustrados e estressados se não tiverem as ferramentas adequadas para realizar o trabalho de maneira eficiente. A falta de conhecimento tecnológico que atinge a liderança leva a uma deficiência de treinamento e suporte que pode desmotivar a equipe, gerando menor produtividade. Além disso, se a compreensão das competências requeridas e os benefícios das novas tecnologias não chegarem aos líderes, os programas de treinamento podem ser mal direcionados ou ser insuficientes.

Os perfis geracionais

As diferenças geracionais no ambiente de trabalho são uma das principais causas das dificuldades que líderes enfrentam ao tentarem gerenciar equipes multigeracionais. Cada geração tem valores, expectativas e atitudes distintos em relação ao trabalho, que influenciam o modo como se comunicam, colaboram e respondem à liderança.

Essas divergências geracionais exigem dos líderes adaptação contínua e habilidade de se comunicar e gerenciar expectativas de maneira diversa e inclusiva, integrando as diferentes perspectivas e habilidades das várias gerações presentes no ambiente de trabalho.[37]

A seguir, veja algumas questões que vivenciei como liderado e líder.

Expectativas e propósito

A geração *baby boomer* (1946-1964) tende a valorizar a estabilidade no emprego, as hierarquias bem definidas e uma comunicação mais formal. São geralmente mais leais às empresas e esperam que o reconhecimento venha após dedicarem tempo e esforço a elas. Já a geração *millennial* (1981-1996) busca um propósito claro no trabalho e tem expectativas mais altas em relação ao equilíbrio entre a vida pessoal e a profissional.

---

[37] BABY boomers vs. millennials: the difference in their work ethic. **Sikich**, 17 out. 2018. Disponível em: https://www.sikich.com/insight/baby-boomers-vs-millennials-the-difference-in-their-work-ethic/. Acesso em: 9 out. 2024.

Eles valorizam o feedback constante e se sentem mais motivados em ambientes que proporcionam desenvolvimento pessoal e um propósito alinhado com seus valores pessoais.

Estilos de comunicação

Os *baby boomers* costumam preferir comunicação face a face e encontros presenciais, enquanto os *millennials* e a geração Z escolhem comunicações rápidas e digitais, como mensagens instantâneas e e-mails. Essa diferença pode levar a mal-entendidos e falta de engajamento se não for gerenciada adequadamente.

Flexibilidade e feedback

As gerações mais jovens esperam flexibilidade, como a possibilidade de trabalho remoto e horários flexíveis. Eles também valorizam feedback constante e uma liderança mais participativa e menos autoritária. Já os *baby boomers* podem ver a flexibilidade como falta de comprometimento e esperar uma estrutura mais rígida e formal.

Adoção de tecnologia

Os *millennials* e a geração Z cresceram mais familiarizados com o ambiente digital e têm facilidade em se adaptar a novas tecnologias. Eles esperam que a tecnologia seja integrada naturalmente ao ambiente de trabalho, enquanto gerações mais antigas podem ter mais dificuldade para adotar essas ferramentas, sentindo-se deslocadas ou desatualizadas. Essa diferença pode gerar tensões e dificuldades na implementação de tecnologias e processos.

As dificuldades em relação à tecnologia

Cada geração enfrenta desafios tecnológicos únicos, e compreendê-los é crucial para implementar estratégias eficazes que melhorem a adaptação e o uso da tecnologia no ambiente de trabalho. Abordagens personalizadas e uma cultura de aprendizado contínuo podem ajudar a mitigar essas dificuldades e promover um ambiente de trabalho mais produtivo e harmonioso.

Embora as pessoas tenham características únicas, é possível traçar um perfil médio dos indivíduos, dependendo da época em que nasceram. A seguir você encontra alguns dados que determinam as características comuns a esses indivíduos, de acordo com minha experiência com tais grupos.

Baby boomers (nascidos entre 1946 e 1964)

Características
- Costumam ter menos familiaridade com tecnologias digitais (nasceram em um mundo predominantemente analógico).
- Podem ser mais resistentes a mudanças tecnológicas.
- Valorizam a comunicação face a face e métodos tradicionais de trabalho.

Desafios e respostas
- · Adaptação: muitos têm dificuldades com a adaptação a novas ferramentas digitais e preferem continuar utilizando métodos convencionais.
- Treinamento: necessitam de programas de treinamento estruturados e suporte contínuo para aprender a utilizar novas tecnologias.
- Confiança: podem sentir-se inseguros em relação ao uso de tecnologia, precisando de encorajamento e reforço positivo.

Geração X (nascidos entre 1965 e 1980)

Características
- Testemunharam a transição do analógico para o digital, com a chegada do computador e da internet.
- Geralmente confortáveis com a tecnologia, mas podem preferir uma abordagem equilibrada entre métodos tradicionais e digitais.
- Valorizam a eficiência e a funcionalidade das ferramentas tecnológicas.

Desafios e respostas
- Atualização: precisam de atualização constante para acompanhar as novas tecnologias e tendências.
- Integração: focam a integração de novas tecnologias com os processos já existentes para melhorar a eficiência.

OS DESAFIOS QUE O MUNDO CONTEMPORÂNEO IMPÕE AOS LÍDERES, EM TERMOS DE TECNOLOGIA E INOVAÇÃO, SÃO NUMEROSOS E COMPLEXOS.

OS 4 PILARES DA LIDERANÇA IMBATÍVEL
@RENATO.TRISCIUZZI

- Pragmatismo: preferem tecnologias que comprovem benefícios claros e imediatos no ambiente de trabalho.

Millennials (nascidos entre 1981 e 1996)

Características

- São altamente familiarizados com tecnologias digitais.
- Preferem a flexibilidade e a comunicação instantânea proporcionada pelas tecnologias.
- São adaptáveis e estão abertos a aprender novas ferramentas.

Desafios e respostas

- Saturação: podem sentir-se sobrecarregados pela quantidade de novas tecnologias e informações disponíveis.
- Eficiência: procuram tecnologias que simplifiquem e automatizem tarefas, aumentando a produtividade.
- Expectativa: esperam que as empresas ofereçam as últimas ferramentas tecnológicas e formação contínua.

Geração Z (nascidos a partir de 1997)

Características

- Cresceram com smartphones, redes sociais e tecnologia onipresente.
- Preferem a comunicação digital e a colaboração on-line.
- Valorizam a rapidez e a conveniência das ferramentas tecnológicas.

Desafios e respostas

- Complexidade: podem subestimar a complexidade de algumas tecnologias empresariais devido à familiaridade com ferramentas mais intuitivas.
- Engajamento: precisam de tecnologias que sejam intuitivas e de fácil utilização para manter o engajamento.
- Inovação: esperam que as tecnologias estejam em constante evolução e acompanhem rapidamente as novas tendências.

A falta de formação dos líderes

Anterior à questão da falta de adaptação à tecnologia que muitos líderes de gerações mais velhas vivenciam, existe uma carência e/ou insuficiência na formação desses gestores para o exercício da liderança.[38] Costumo dizer que, ao longo de nossa carreira estudantil, se gostamos de natação, por exemplo, somos incentivados a ser bons nadadores, mas nunca bons técnicos de natação, o que faz uma diferença enorme lá na frente.

Adicione a isso o fato de que a formação de líderes eficazes deveria exigir uma abordagem holística do mundo corporativo, que muitas vezes não é totalmente contemplada no ambiente acadêmico tradicional. As disciplinas acadêmicas com frequência operam de maneira isolada, sem integração entre áreas de estudo. A liderança exige uma abordagem interdisciplinar, combinando conhecimentos de negócios, psicologia, sociologia etc. A falta de integração pode limitar a perspectiva dos alunos.

Além disso, as disciplinas que ensinam liderança nas universidades ainda se baseiam em modelos tradicionais, que podem não ser relevantes para o ambiente corporativo contemporâneo. As universidades tendem a enfatizar habilidades técnicas e conhecimentos específicos de disciplinas, muitas vezes à custa de habilidades interpessoais e de liderança. Os graduados podem sair com excelente conhecimento técnico, mas carecem das habilidades necessárias para liderar equipes, gerir conflitos e inspirar seus liderados. Poucos programas acadêmicos abordam a gestão de mudanças, a inovação e a adaptação às novas tecnologias, áreas vitais para a liderança moderna. Essa deficiência gera medo e incompetência.

E pesquisas confirmam a falta de formação e desenvolvimento adequado de líderes nas empresas brasileiras. Um estudo realizado pela Associação Brasileira de Recursos Humanos (ABRH Brasil), em parceria com a HRtech Umanni, revelou que 58% das empresas no Brasil não conseguem desenvolver suas lideranças de maneira eficaz. Além disso, 54,1% dos entrevistados

---

[38] OLIVEIRA, A. Por que os profissionais da geração Z não querem chegar à liderança? **Educa+ Brasil**, 6 ago. 2024. Disponível em: https://www.educamaisbrasil.com.br/educacao/carreira/por-que-os-profissionais-da-geracao-z-nao-querem-chegar-a-lideranca. Acesso em: 9 out. 2024.

avaliaram que a preparação da liderança é de regular a ruim para os desafios de gestão de pessoas.[39]

Já a pesquisa da Korn Ferry, consultoria global de gestão organizacional, revela que 67% dos entrevistados acreditam que os líderes de hoje não estão preparados para o futuro. "As empresas não desenvolvem habilidades para que os talentos, jovens ou não, estejam aptos quando a ocasião chegar", diz Rodrigo Araújo, presidente da Korn Ferry no Brasil.[40] A ética empresarial e a responsabilidade social também são tópicos que nem sempre recebem a devida atenção nos cursos de graduação e pós-graduação, e nem se fala na formação técnica. Hoje, há uma lei anticorrupção, por exemplo, que exige conhecimento e preparo. Há protocolos e certificados que podem ser muito úteis às empresas, mas saber o que pode ser mais adequado a cada uma requer estudo prévio por parte dos líderes.

A globalização, ainda hoje, exige que os líderes sejam capazes de trabalhar em ambientes multiculturais e diversos, mas observa-se que a falta de preparação nesses quesitos pode levar a problemas de comunicação e a uma gestão inadequada da diversidade, impactando negativamente a coesão e a produtividade das equipes.

A pouca importância dada às *soft skills*

As chamadas *soft skills* – habilidades como comunicar-se de modo eficaz, ter inteligência emocional, resolver conflitos com empatia, entre outras – são negligenciadas ou subvalorizadas com frequência nos currículos. Essas habilidades são cruciais para a liderança, e a falta de foco nelas pode resultar em líderes tecnicamente competentes, mas ineficazes na gestão de pessoas.

---

[39] PESQUISA apronta que 58% das empresas brasileiras não conseguem desenvolver suas lideranças. **Revista Lide**, 2 mar. 2023. Disponível em: https://revistalide.com.br/noticias/pesquisas-estudos/pesquisa-aponta-que-58-das-empresas-brasileiras-nao-conseguem-desenvolver-suas-liderancas. Acesso em: 9 out. 2024.

[40] POR QUE profissionais da geração Z não querem ser chefes? **Forbes**, 5 jun. 2024. Disponível em: https://forbes.com.br/carreira/2024/06/por-que-profissionais-da-geracao-z-nao-querem-ser-chefes/. Acesso em: 9 out. 2024.

A falta de *soft skills* nos líderes é capaz de criar um ambiente de trabalho menos eficiente, menos colaborativo e menos adaptável, prejudicando a performance e o sucesso organizacional. Ela pode se revelar de diversas formas, que detalho melhor a seguir.

Uma comunicação ineficaz, por exemplo, dificulta a transmissão clara de ideias, expectativas e feedback, levando a mal-entendidos e conflitos. A comunicação é algo tão importante que é um dos pilares do método apresentado neste livro para tornar-se um líder imbatível.

Já profissionais com baixa inteligência emocional tendem a impactar negativamente o dia a dia das empresas por sua falta de capacidade de gerenciar as próprias emoções e as dos outros, resultando em menor empatia e aumento de tensão nas equipes. São características típicas de pessoas com baixa inteligência emocional: explosões de raiva quando são contrariadas, fuga de conflitos ou de desafios inevitáveis e até a não sustentação do foco durante uma atividade de alta pressão.

A falta de *soft skills* costuma provocar também uma resolução de conflitos deficiente, aumentando a incidência de problemas não solucionados e prejudicando a colaboração e o ambiente de trabalho. As equipes começam a evitar determinados temas espinhosos que, ou viram tabus, ou nunca são resolvidos, porque os liderados tendem a temer a reação de seus líderes ao abordá-los.

Em médio prazo, a deficiência de *soft skills* gera falta de motivação e engajamento, resultando em baixa moral e produtividade. Diante de um líder que não sabe se portar e dialogar, os colaboradores começam a acreditar que nenhuma melhoria solicitada será levada a cabo, então de nada adianta fazer proposições que não serão implementadas futuramente.

Líderes ineficientes na gestão de pessoas também têm dificuldade em desenvolver relacionamentos, prejudicando a construção de redes de apoio e colaboração dentro e fora da organização. Eles não sabem delegar, o que acarreta microgestão e sobrecarga de trabalho, cujo desdobramento é a limitação da capacidade de focar estratégias de alto nível. Eles ficam presos às atividades do dia a dia e negligenciam o caráter estratégico de seu posto. A gestão de pessoas, um dos pilares do método apresentado neste livro, também é algo muito importante para tornar-se um líder imbatível.

Essa postura também afeta o desenvolvimento de talentos, pois atrapalha a capacidade de identificar, nutrir e desenvolver o potencial dos membros da equipe. Ao longo do tempo, impede a prestação de um feedback construtivo, essencial para o desenvolvimento e a melhoria contínua dos colaboradores, em um círculo vicioso.

Por fim e por conta de todos esses fatores, a tomada de decisões por parte de um líder deficiente em *soft skills* é pobre, pois lhe faltam habilidades de pensamento crítico e capacidade de solucionar problemas, o que pode levar a decisões mal-informadas ou impulsivas.

Quando montamos o cenário de tudo o que vimos até aqui – o modelo de gestão pautado em comando e controle, a deficiência na formação dos gestores e os desafios do mundo líquido no qual vivemos hoje –, transformar-se em um líder inspirador pode parecer um objetivo muito distante.

No entanto, eu recomendo que você não desanime! A partir dos próximos capítulos, mostrarei que ser um líder imbatível é possível e palpável; basta ter disposição para aplicar o método que proponho neste livro. Ele está ao alcance de suas mãos, portanto, siga firme!

O LÍDER PRECISA ESTAR ABERTO A NOVAS IDEIAS E JEITOS DIFERENTES DE SE TRABALHAR, QUE GERALMENTE SÃO TRAZIDOS PELOS MAIS NOVOS.

OS 4 PILARES DA LIDERANÇA IMBATÍVEL
@RENATO.TRISCIUZZI

04

A CAMINHO DA LIDERANÇA IMBATÍVEL

"A maior habilidade de um líder é identificar aptidões e desenvolver competências extraordinárias em pessoas comuns."
Abraham Lincoln[41]

té aqui, vimos que o exercício da liderança tem um histórico que privilegia o modelo de gestão pautado no poder da autoridade e no não questionamento, por parte dos liderados, das orientações dadas. Esse modelo tende a isolar os líderes, podendo torná-los inseguros e autoritários e ainda dar margem ao assédio moral e ao bullying.

No entanto, construir uma liderança positiva e imbatível não só é possível como será necessário nesses novos tempos. Cada vez mais teremos perfis de profissionais das novas gerações entrando no mercado, questionando as instruções e orientações recebidas, buscando entender o porquê de sua atuação em determinada empresa e como ela impacta positivamente o mundo.

Assim, o novo líder precisará ter uma postura mais aberta e flexível, estar disposto a ouvir seus liderados e a testar e adotar novas metodologias e tecnologias, visto que o caminho para um mundo mais informal, ágil, informatizado e digital não tem volta.

A adaptação à pandemia, e à pós-pandemia, resultou em mudanças nos modos de gerenciamento dos líderes. Dados destacam a necessidade de uma formação mais robusta e específica para os líderes, abordando habilidades como adaptabilidade, aprendizado contínuo e gestão de equipes em ambientes complexos e em constante mudança. Segundo pesquisas

---

[41] LINCOLN, A. A maior... *In:* **Pensador**. Disponível em: https://www.pensador.com/frase/MjE5MzI0Mg/. Acesso em: 9 out. 2024.

atuais, as lideranças vêm dando mais atenção às habilidades estratégicas, à gestão de pessoas e às competências interpessoais (ou *soft skills*).[42]

Por isso digo a você, caro leitor, que aquele chefe que apenas dita ordens, não ouve seus liderados e tem aversão à tecnologia está com os dias contados! O líder de hoje precisa servir de exemplo e fazer de suas atitudes os modelos de atuação que espera ver refletidos em seus colaboradores. O discurso por si só não contará mais como exemplo positivo. Somente a busca pelo lucro e por bater metas não motivará os profissionais sob sua orientação e seu comando.

Se aquele que era considerado líder no passado só focava as tarefas técnicas e os resultados de curto prazo, atuando muitas vezes em função dos incêndios que tinha que apagar na empresa, o novo líder deverá estar atento ao desenvolvimento e ao alcance do potencial máximo de cada membro da sua equipe. Para isso, precisará considerar o investimento de tempo em coaching e mentorias, por exemplo. Ele terá de investir no capital humano.

Isso também se refletirá nas rotinas de execução de tarefas diárias. Se tempos atrás a figura do chefe controlava rigidamente as atividades de seu departamento e a forma como elas eram feitas, não dando espaço para que os colaboradores tentassem fazer da maneira como julgassem mais adequada, o líder de hoje precisa confiar na capacidade da equipe e delegar responsabilidades. Ele deve proporcionar autonomia para que seus liderados tomem decisões e inovem; tem de criar um ambiente onde a criatividade é encorajada.

Mesmo as reuniões, que costumavam ser informativas e unidimensionais, ou seja, eram aquele espaço em que a informação seguia um curso único, da liderança para os liderados, em que só o líder falava, estão com os dias contados. As novas reuniões serão mais colaborativas, um contexto em que todos serão incentivados a contribuir com ideias e soluções cada vez mais inspiradoras e focadas no crescimento coletivo, e o líder imbatível precisará estar aberto a isso.

---

[42] MIRELLE, B. EXCLUSIVO: Pesquisa revela 4 perfis de liderança que se destacaram durante a pandemia. **Forbes**, 18 jan. 2021. Disponível em: https://forbes.com.br/carreira/2021/01/exclusivo-pesquisa-revela-quatro-perfis-de-lideranca-que-se-destacaram-durante-a-pandemia/. Acesso em: 9 out. 2024.

O antigo feedback também está em curso de mudança: se antes era mais corretivo e voltado para os erros cometidos pelos colaboradores, o feedback concedido pelo líder imbatível é regularmente positivo e construtivo, reconhecendo os sucessos e esforços da equipe. O novo líder usa o feedback como uma ferramenta de motivação e desenvolvimento contínuo, não como reprimendas pontuais.

Nesse processo em que todos têm seu valor e cada ponto de vista conta, a tomada de decisão deixará de ser centralizada. Se antes ela privilegiava somente as opiniões e os critérios do líder, agora será mais inclusiva, valorizando opiniões e ideias diversas. Isso tira o líder de seu isolamento e cria um senso de propriedade e compromisso entre todos.

A comunicação também deixará de ser unidirecional, ou seja, não será apenas do líder para seus liderados – fluirá em diversos sentidos. O líder imbatível promove uma comunicação aberta e transparente, de modo que todos se sentem à vontade para expressar opiniões e preocupações. Ele mantém a equipe informada sobre a visão, a missão e os objetivos da organização. Esses princípios não serão dizeres vazios em um mural na parede, mas exercidos em qualquer comunicação e ação referente à empresa.

Além disso, o líder estará aberto a ouvir, a entender o que todos pensam a respeito dos valores, da missão e dos objetivos organizacionais, a fim de aprimorá-los continuamente. Eles serão valores norteadores porém não estanques.

Nesse ambiente encabeçado pelo líder imbatível, a gestão de conflitos é proativa e facilitadora. Se o chefe do passado resolvia conflitos de maneira reativa e impositiva, o líder imbatível os aborda de modo proativo, facilitando um diálogo construtivo e buscando soluções que beneficiem todas as partes. Ele encoraja a equipe a resolver problemas juntos.

Nesse caminho para uma liderança mais humana e porosa, todos têm a ganhar, sempre.

O despertar do amor pela liderança

Tornar-se um líder mais humano requer, além de uma postura mais aberta ao diálogo e receptiva a ouvir os liderados, algumas ações diárias e a aplicação do método que proponho neste livro. Mas, antes de partirmos para isso, quero que você se abra à nova mentalidade que abordaremos aqui.

O despertar do amor pela liderança e pelo desenvolvimento dos outros é um processo contínuo que envolve introspecção, reflexão, aprendizado e prática. Ele envolve passos simples e muito fáceis de atingir, mas que requerem disciplina e esforços diários.

O primeiro passo é conhecer a si mesmo e estar disposto a refletir sobre quem você é e como tem agido. Só o fato de estar lendo este livro já me faz pensar que você é um líder consciente. Essa consciência se transforma em ações práticas quando, além de se instruir como tem feito aqui, você separa um tempo de sua rotina para refletir sobre seus valores, suas motivações e suas aspirações. Nesses momentos, pergunte a si mesmo por que quer ser um líder imbatível e o que espera alcançar com isso.

Da mesma forma que o propósito é o motor das novas gerações, que só aceitam desempenhar determinadas funções em empresas que estejam alinhadas com os valores que elas julgam importantes, procure moldar sua atuação de modo que ela valorize o outro, encarando-o de maneira aberta e empática.

Busque o aprendizado contínuo. Participe de cursos, workshops e leituras sobre liderança e desenvolvimento pessoal. Aprender a respeito de diferentes estilos de liderança pode inspirar novas abordagens, porque amplia sua visão de atuação. Nesse quesito, também é válido, sempre que possível, procurar serviços de mentoria e coaching. Encontre mentores que possam guiá-lo em sua jornada de liderança; a mentoria proporciona perspectivas valiosas e suporte. Mas, enquanto isso, eu espero que este livro seja a luz inicial de sua jornada para se tornar um líder imbatível.

Pratique a empatia colocando-se no lugar dos outros para entender suas perspectivas e necessidades. Às vezes, estamos tão viciados em olhar tudo sob nosso próprio ponto de vista que esquecemos como pode ser enriquecedor – e esclarecedor – nos colocarmos "nos sapatos dos outros", entendendo o que sentem e por que agem de determinada forma. Agir com empatia, por exemplo, em muitas ocasiões pode nos ajudar a entender a ocorrência de erros por parte dos outros, visto que conseguimos compreender suas dores e aflições.

Pratique a gratidão. Reconheça e aprecie o esforço e as contribuições dos membros de sua equipe. A prática da gratidão aumenta a conexão emocional e só traz frutos positivos.

70 Os 4 pilares da liderança imbatível

Tenha um propósito claro para sua liderança. Saber por que você está liderando pode aumentar sua paixão e dedicação. Um bom propósito para liderar é entender que estamos sempre a serviço dos outros, mesmo que isso não seja consciente. Veja a liderança como um ato de serviço. O objetivo é ajudar os outros a crescer e se desenvolver; com isso, todos crescem juntos.

Celebre as vitórias, grandes e pequenas, de sua equipe. Isso reforça a importância do trabalho de cada um e cria um ambiente positivo. As celebrações podem ser feitas com rituais simples, e há empresas cuja cultura já os privilegia no dia a dia. Rituais e encontros periódicos, café da manhã de confraternização, momentos semanais ou até alguns minutos diários[43] sempre podem ser incorporados e adaptados à cultura dos negócios.

Cultive continuamente a humildade, reconhecendo que sempre há algo novo a aprender e que o sucesso da equipe é mais importante do que o sucesso individual. Pode parecer difícil em um primeiro momento, mas, à medida que os êxitos vão demonstrando que o sucesso de um pode ser o de todos, os egos se apaziguam, e o time passa a trabalhar por um objetivo comum, benéfico a todos.

Seja um exemplo a ser seguido. Demonstre integridade, respeito e dedicação em todas as suas ações. Não há quem não se sinta motivado ao perceber que todas as ações tomadas na empresa também levam em conta seus pensamentos e suas aflições.

Ao adotar essas estratégias, você pode despertar e nutrir o amor pela liderança e pelo desenvolvimento dos outros, criando um ambiente de trabalho onde todos se sintam valorizados e inspirados a alcançar seu máximo potencial.

Sem medo das novas tecnologias

Como comentei há pouco, caro leitor, uma das principais recomendações para despertar o amor pela liderança é abrir-se ao aprendizado constante.

---

[43] MIRELLE, B. EXCLUSIVO: Pesquisa revela 4 perfis de liderança que se destacaram durante a pandemia. **Forbes**, 18 jan. 2021. Disponível em: https://forbes.com.br/carreira/2021/01/exclusivo-pesquisa-revela-quatro-perfis-delideranca-que-se-destacaram-durante-a-pandemia/. Acesso em: 9 out. 2024.

Isso serve tanto para diversos aspectos da vida corporativa quanto para o entendimento das novas tecnologias.

Procure reservar tempo regularmente para estudar novas tecnologias e suas aplicações. Participe de cursos on-line, webinars e workshops sobre o tema. Aos poucos, esses novos conhecimentos adquiridos lhe darão mais confiança para que o cenário digital que vem se construindo há algumas décadas não seja visto como um obstáculo intransponível (aliás, muito pelo contrário: para que ele seja percebido como um aliado).

Explore ferramentas tecnológicas de gestão. Implementar novas plataformas, como Trello, Jira, Asana, Slack, Microsoft Teams ou outras que auxiliam a organização de tarefas e a comunicação facilita o entrosamento com seus liderados de gerações mais jovens e melhora o desempenho do time como um todo.

Se você não tem familiaridade nenhuma com essas plataformas e sente receio de pedir ajuda aos liderados no início, procure se envolver em comunidades de tecnologia. Junte-se a grupos no LinkedIn, fóruns on-line ou associações profissionais que discutam tendências tecnológicas e melhores práticas. Nessas comunidades, você certamente encontrará outros líderes que estejam atravessando as mesmas dificuldades.

Mantenha-se atualizado sobre as tendências tecnológicas. Leia blogs, siga influenciadores do assunto nas redes sociais, assine newsletters e participe de conferências e eventos do setor. A tecnologia é dinâmica, e sempre há novidades que podem ajudar a resolução de problemas no dia a dia.

Implemente a automação onde for possível. Identifique processos que podem ser automatizados, como relatórios periódicos, gerenciamento de e-mails ou fluxos de trabalho de aprovação, e adote ferramentas como Zapier ou Power Automate.

Fomente uma cultura de inovação. Crie um grupo de trabalho ou comitê de inovação dentro da equipe para explorar novas tecnologias e propor soluções inovadoras para desafios existentes. Não tenha receio de não saber o que é determinada ferramenta quando alguém falar dela nesses grupos. O ideal é propiciar um ambiente seguro, em que todos tenham a possibilidade de trocar conhecimento.

VEJA A LIDERANÇA COMO UM ATO DE SERVIÇO. O OBJETIVO É AJUDAR OS OUTROS A CRESCER E SE DESENVOLVER; COM ISSO, TODOS CRESCEM JUNTOS.

OS 4 PILARES DA LIDERANÇA IMBATÍVEL
@RENATO.TRISCIUZZI

Promova a inclusão digital. Ofereça treinamentos regulares e suporte técnico para ajudar a equipe a se sentir confortável com as novas tecnologias e a saber usá-las com segurança.

Inspire pelo exemplo. Demonstre entusiasmo e curiosidade pelas novas tecnologias. Participe ativamente de demonstrações de novas ferramentas, teste novos aplicativos e compartilhe descobertas e aprendizados com a equipe.

Lideranças que deixam legados

Para evitar a propagação do assédio e do bullying em suas estruturas, as corporações mais evoluídas trabalham muito com pesquisas de clima, de cultura organizacional, de satisfação dos funcionários. É muito claro quando há problemas na liderança porque esses índices caem, e ver isso refletido em números é um bom sinal.

No entanto, quando temos uma empresa com valores como a democracia e o respeito à diversidade bastante subjugados, a própria pesquisa de clima não reflete a realidade, porque em geral esses colaboradores vivem a cultura do medo. Os colaboradores têm receio de falar a verdade e sofrer perseguição depois, têm medo da retaliação de seus líderes. Por isso, é fundamental que essas pesquisas de clima resguardem a privacidade do liderado; caso contrário, o tiro pode sair pela culatra.[44]

Dada a contextualização de gerações de mais idade terem se formado com base no modelo de comando e controle, você pode pensar que isso é simplesmente uma questão geracional. Quero deixar claro, porém, que a falha na liderança não pode ser relacionada só à idade dos gestores, porque também há pessoas jovens que são líderes ineficazes e pouco abertos ao diálogo. E isso tem mais a ver com as características e o propósito de liderar do que com a idade cronológica em si.

---

[44] O QUE é e quais os impactos causados pelo silêncio organizacional. **Great Place To Work**, 7 maio 2024. Disponível em: https://gptw.com.br/conteudo/artigos/silencio-organizacional/. Acesso em: 9 out. 2024.

A maioria das pessoas aceita o cargo de liderança pensando no aumento da remuneração ou do poder.[45] Quantos presidentes de organizações de fato estão imbuídos da vontade de empregar os melhores ambientes e remunerações aos liderados, assim como oferecer as condições mais interessantes para acionistas, stakeholders e clientes? Essa deveria ser uma de suas razões primordiais para agir, afinal o presidente é o líder dos líderes.

As empresas de sucesso que mencionei tiveram líderes que realmente vivenciavam os valores que pregavam. Por que a Disney, por exemplo, continua sendo um *case* de sucesso, mesmo após anos da morte de seu fundador? Porque a maioria de seus líderes e liderados ainda vivenciam o encantamento do servir.

A Disney, inclusive, enfrentou problemas quando seu CEO Bob Iger, que estava lá desde 2005, resolveu se aposentar.[46] Com a chegada do novo líder, houve saída de pessoas e mudança de foco na empresa: se Iger priorizava a produção de conteúdo, o novo CEO, Bob Chapek, estava interessado apenas em ganhos de eficiência.

Apesar disso, a entrada do novo líder fez os números da Disney despencarem. A queda nos números levou ao pedido de demissão de Chapek e à reincorporação de Iger ao comando da empresa. Sua volta marcou uma nova época para o negócio. Com mais poder do que antes, Iger continua sendo uma figura-chave na empresa, porque já deixou um legado e ainda perpetua a cultura que transformou a Disney na grande marca de entretenimento e sonho que é hoje.

---

[45] É TUDO por dinheiro e poder nas empresas. **Exame**, 19 jun. 2014. Disponível em: https://exame.com/carreira/e-tudo-por-dinheiro-e-poder/. Acesso em: 9 out. 2024.

[46] AMARO, M. Bob Iger volta ao comando da Disney (DISB34) menos de um ano após se aposentar. **InfoMoney**, 21 nov. 2022. Disponível em: https://www.infomoney.com.br/negocios/bob-iger-volta-ao-comando-da-disney-disb34-menos-de-um-ano-apos-se-aposentar/. Acesso em: 9 out. 2024.

Alcançar a liderança imbatível está em suas mãos

Quando um profissional (iniciante ou não) toma iniciativas para se desenvolver e se transformar em um líder melhor, abandonando a postura distante e inatingível e se tornando um verdadeiro líder imbatível, todo o ambiente laboral se beneficia dessas atitudes. Isso se reflete, por exemplo, em maior engajamento da equipe e melhor relacionamento entre os pares. Um líder imbatível inspira confiança, e um líder inspirador motiva e engaja sua equipe de maneira eficaz, aumentando a produtividade, reduzindo o turnover e melhorando a satisfação geral dos colaboradores.

Todas as relações interpessoais saem fortalecidas. A habilidade de se comunicar de modo claro e eficaz e ouvir mais seus liderados, reconhecendo suas potencialidades, diminui mal-entendidos, promove um ambiente de trabalho harmonioso e garante que todos estejam alinhados com os objetivos da equipe e da organização.

A melhora na capacidade de construir e manter relacionamentos sólidos e positivos, criando um ambiente de trabalho colaborativo e de apoio, promovendo a lealdade e a cooperação, tende a se expandir também em outras esferas da vida.

Essa mudança de postura auxilia na implementação de práticas e tecnologias que otimizam os processos de trabalho, maximizando o uso dos recursos disponíveis e aprimorando o desempenho geral da equipe. Todos desejam ter líderes que os ajudem a produzir mais e melhor e a alcançar seus objetivos individuais.

E tudo isso só é possível porque o líder imbatível tem a capacidade de motivar a equipe a alcançar metas ambiciosas, fomentando um espírito de inovação e criatividade e impulsionando o time a superar desafios e alcançar novos patamares de sucesso, o que aumenta o senso de pertencimento.

A cultura em que todos se sentem confortáveis, com suas necessidades contempladas e atendidas, tende a ser aquela que tem times que se adaptam melhor às mudanças. Os profissionais sabem que serão acolhidos diante de novas demandas. Isso melhora a capacidade de se adaptar rapidamente a novos cenários repletos de inovações, permitindo que a equipe e a organização se mantenham competitivas e relevantes em um ambiente de negócios dinâmico. É um fortalecimento que acontece dentro do ambiente corporativo e se reflete fora dele, diante da concorrência.

Uma cultura positiva também contribui para a retenção de talentos, possibilitando um desempenho sustentável a longo prazo. O líder que consegue manter a cultura organizacional saudável e replicar seus valores entre outros líderes e liderados deixa um impacto positivo duradouro na equipe e na organização, criando um legado de liderança capaz de inspirar futuras gerações de líderes. O sucesso chegará para todos!

A partir dos próximos capítulos, compartilharei com você como cheguei ao método Liderança Imbatível e como ele transformará seu estilo de liderar para melhor.

05

O GUIA PARA TORNAR-SE UM LÍDER IMBATÍVEL

> *"Quando tudo parecer estar indo contra você, lembre-se de que o avião decola contra o vento, não a favor dele."*
> **Henry Ford**[47]

S e você está lendo este livro, posso imaginar que esteja pensando que ser líder não é nada fácil. Eu entendo sua apreensão. De fato, a liderança exige um grau de doação e força de vontade para conduzir as equipes, desenvolvendo seu potencial, criando um ambiente saudável, entregando resultados e desempenhando funções que exigem o máximo de comprometimento no dia a dia. Mas eu afirmo: ser um líder imbatível é plenamente possível, e aqui ensinarei como chegar a isso.

Ao longo de mais de vinte anos em cargos de liderança, com várias equipes sob minha orientação, observei de perto o impacto das diferentes abordagens de liderança em times e resultados organizacionais. Enfrentei diversos desafios, desde a gestão de conflitos intra e entre equipes até a implementação de estratégias inovadoras, o que me proporcionou insights valiosos sobre o que de fato funciona na prática.

Quando tive a ideia de escrever este livro, meu intuito era justamente catalogar as práticas vividas e observadas ao longo de minha carreira. Tive muitos chefes ruins, que eram apenas chefes, e não líderes; mas também tive vários líderes exemplares. Então decidi compilar as melhores práticas, experimentadas com sucesso, e criar um método para que outros líderes pudessem se beneficiar desse meu conhecimento adquirido sem ter de passar pelas mesmas agruras.

---

[47] FORD, H. Quando... **Brasil Correspondentes**. Disponível em: https://www.brasilcorrespondentes.com.br/quando-tudo-parecer-estar-indo-contra-voce-lembre-se-de-que-o-aviao-decola-contra-o-vento-nao-a-favor-dele-henry-ford/. Acesso em: 9 out. 2024.

Com isso, espero deixar minha contribuição para um mundo no qual os gestores possam se tornar líderes imbatíveis na gestão de equipes e resultados.

Um caminho de experiências e estudos até o método

Minha jornada para desenvolver o método que apresento agora a você, caro leitor, começou com minhas próprias experiências como liderado e líder, enfrentando desafios e aprendendo lições valiosas ao longo do caminho. Para cada obstáculo superado, observei uma lição a ser aprendida.

Então, depois de tantos anos de trajetória corporativa, acredito ter conseguido reunir ensinamentos que, ordenados de modo a maximizar seu potencial de transformação, se tornaram o método que elaborei. Denominado Liderança Imbatível, ele é composto de quatro pilares essenciais, que gosto de associar aos quatro vértices do tetraedro de um diamante. Cada um representa uma faceta crítica da liderança imbatível, direcionando você à transformação em líder imbatível. Assim também é o líder que deseja alcançar o máximo aprimoramento de seu potencial: ele deve encontrar o melhor em seu mais profundo eu e desenvolver suas potencialidades em contato com o mundo.

Para chegar a esse método transformador, além da experiência adquirida nos anos como líder de diversos profissionais, como já comentei, investi tempo estudando teorias de liderança, psicologia organizacional e desenvolvimento pessoal. Li diversas obras de autores renomados, como Daniel Goleman, Simon Sinek, John Maxwell, Stephen Covey, Fred Kofman, John Kotter e Jim Collins, entre outros, e participei de cursos e workshops que enriqueceram minha compreensão sobre liderança eficaz.

Busquei ainda a mentoria de líderes experientes e valorizei o feedback constante de colegas e membros da equipe. Essas interações me ajudaram a refinar minhas habilidades de liderança e a desenvolver uma abordagem mais empática e eficaz. Outros pontos de vista foram incorporados à minha própria visão de liderança, tornando-a mais rica e inclusiva.

Por meio da análise cuidadosa de sucessos e fracassos, identifiquei padrões e princípios fundamentais que sustentam a liderança de alto desempenho.

Essa reflexão contínua foi crucial para destilar minhas experiências e meus conhecimentos em um método estruturado e aplicável.

Finalmente, testei e refinei o método Liderança Imbatível em diversas organizações, ajustando e aprimorando os pilares com base nos resultados obtidos. A aplicação prática validou a eficácia do método e confirmou sua capacidade de transformar líderes e equipes.

As características do líder imbatível

De modo introdutório, estão descritas a seguir as principais características do líder imbatível, que desenvolveremos ao longo da aplicação do método. Pode ser que você não se identifique com muitas delas agora, mas não se preocupe: são atributos em que poderá trabalhar ao longo de sua jornada, auxiliado pela leitura deste livro.

Ter paixão por pessoas

Se antigamente o mundo era dominado pela gestão com base em comando e controle e a hierarquia vertical era o que ditava as relações de trabalho, muitas vezes dando margem para assédio moral e bullying, cada vez mais, no futuro, as relações serão pautadas em respeito e escuta. O que prevalece na liderança imbatível é menos competição fundamentada na autoridade e mais colaboração com respeito pelo outro. Uma das novas atribuições do líder do século XXI é justamente fazer com que o outro se desenvolva. O cuidado com o próximo é contagiante: quando as pessoas se sentem respeitadas e valorizadas, tendem a respeitar e valorizar o outro e a equipe como um todo.

Desafiar-se e desafiar os liderados com projetos maiores

No passado, o líder queria apenas estar em sua zona de conforto. Ele ditava as regras, e seus liderados as seguiam, executando ações que visavam à manutenção e ao progresso da empresa. Com uma concorrência cada vez mais globalizada, em um mundo líquido, com transformações acontecendo diariamente, o líder que não se desafia e não propõe desafios aos seus liderados está fadado ao fracasso, levando a empresa à bancarrota com ele.

Se posicionar e sustentar sua posição

No século XXI, seja no ambiente corporativo ou na vida privada, não há mais espaço para pessoas que não se posicionam, que não tomam partido em relação aos mais variados assuntos. Por isso, inclusive, o líder imbatível precisa se aprimorar e estudar continuamente, a fim de que tenha informação e coragem para assumir posições coerentes e sustentá-las sempre que necessário.

Fazer mais e fazer diferente

No atual mundo líquido, em que os *players* surgem com um dinamismo assombroso e as empresas são obrigadas a fazer mais e fazer diferente para não perder suas posições no mercado, a inovação se torna uma necessidade diária. Por isso, a tendência é que seja dado cada vez mais valor àqueles profissionais que se envolvem profundamente na realização de seus propósitos, buscando inovar sempre, fazendo mais e de maneiras mais originais, encontrando soluções onde ninguém as viu.

Tomar decisões colegiadas

O líder que tomava decisões com base apenas em suas próprias análises e pensamentos entra em desuso a cada dia. Aquele gestor isolado, que não ouve as opiniões e ponderações de seus pares e liderados, tende a desaparecer. Por isso, é crucial entender que decisões colegiadas são o melhor caminho para o líder que deseja conseguir engajamento e compromisso de sua equipe.

Incorporar tecnologia para ampliar resultados

Esse mundo líquido em que vivemos está permeado de novas tecnologias. Foi-se o tempo em que era preciso estar no escritório para desenvolver uma rotina laboral produtiva: hoje, podemos fazer reuniões de qualquer lugar do mundo, atuar em projetos concomitantemente com outros colaboradores de modo on-line, tudo ao alcance dos dedos, no celular. O líder imbatível não só não teme a tecnologia, como entende que ela é fundamental para ampliar resultados; ele a vê como aliada, jamais como inimiga.

Dar carta branca e empoderar a equipe

O tempo é o recurso mais precioso de que dispomos. Por isso, o líder imbatível precisa entender que delegar tarefas é fundamental para a otimização do tempo. Com isso, torna-se igualmente fundamental dar carta branca aos liderados e empoderá-los. Eles devem saber que têm autonomia para desempenhar as funções para as quais foram designados. A autonomia também é um fator que gera compromisso e responsabilidade.

Enxergar as pessoas desacreditadas

É sempre preciso acreditar no potencial e na motivação das pessoas. Em uma das indústrias pelas quais passei, meu chefe direto me deu carta branca para fazer o que quisesse assim que fui admitido, dizendo que eu podia, inclusive, demitir todo mundo. Entrevistei cada liderado como se aquela conversa se tratasse de uma entrevista admissional e, nesse momento, deixei claro o que eu precisava de cada um, estabelecendo desafios para eles. Um ano depois, conseguimos entregar tudo e bater todas as metas, a empreitada foi um sucesso. Ao fim do processo, entendi que o foco da mudança, na verdade, era trabalhar três pessoas que estavam esquecidas na empresa. Se eu tivesse sido um líder comprometido apenas com minha rede de relacionamento, teria cortado os três. Às vezes, as pessoas só precisam de alguém que acredite nelas para atingir seu máximo potencial.

Permanecer firme aos seus valores e à sua integridade

Quando o líder recebe metas agressivas a serem batidas, é muito comum que surjam armadilhas que representem verdadeiros atalhos – nem sempre éticos – à obtenção de tais metas. No entanto, como diz o ditado, "tudo que vem fácil vai fácil". É importante que o líder tenha em mente que, muitas vezes, supostos atalhos representam verdadeiras ameaças à sua integridade moral. Quando isso acontece, o melhor é pegar o caminho mais longo e permanecer fiel a ela, sem se corromper.

Adaptar sua comunicação a pessoas diferentes

Certa vez, tive quase cinquenta pessoas sob meu comando direto, entre elas cinco gestores. Eu tinha que falar com cada líder de uma maneira diferente. Com um, eu me comunicava de modo mais objetivo, porém com outro precisava interagir mais, pois era mais prolixo, precisava falar. Essas trocas eram moldadas de acordo com o perfil de cada liderado. O líder imbatível compreende que esses ajustes na comunicação são necessários e busca entender o perfil de seus liderados para estabelecer trocas efetivas com eles.

Encontrar soluções em meio a problemas

Em um mundo onde os problemas nos encontram, colaboradores que tenham um mindset voltado à solução são valiosos. A primeira pessoa a buscar soluções na equipe é justamente o líder, que deve incentivar os outros membros de seu time a fazer o mesmo sempre.

Ser transparente e se expor

Como já foi dito, uma das maiores dificuldades para um líder é estar sujeito a críticas. Apesar disso, é fundamental que o líder imbatível seja capaz de ser transparente e se expor. Ninguém confia em profissionais que ficam em cima do muro quando é exigido deles algum posicionamento, por exemplo. Líderes que têm opiniões claras e as expõem são respeitados, e o líder imbatível pertence a essa categoria.

Respeitar e aproveitar a diversidade

As novas gerações têm cada vez mais abertura para repensar os conceitos de diversidade. Se antigamente as pessoas tendiam a ser classificadas de acordo com conceitos que cabiam em poucas "caixinhas", hoje há uma multiplicidade de identidades e orientações que enriquecem a sociedade, e isso se reflete também no ambiente corporativo. O líder imbatível tem consciência da diversidade, entende o potencial disso e respeita as características únicas de cada um.

O LÍDER QUE NÃO SE DESAFIA E NÃO PROPÕE DESAFIOS AOS SEUS LIDERADOS ESTÁ FADADO AO FRACASSO, LEVANDO A EMPRESA À BANCARROTA COM ELE.

OS 4 PILARES DA LIDERANÇA IMBATÍVEL
@RENATO.TRISCIUZZI

Transferir visão de longo prazo

Ninguém quer pertencer a um time que não passa segurança. Quando uma empresa tem líderes despreparados, é muito comum que as necessidades dos colaboradores não sejam atendidas e que isso se transforme em uma insatisfação generalizada, levando a altas taxas de turnover. Para evitar a rotatividade constante de pessoal, é imprescindível que o líder imbatível transfira aos liderados a visão de longo prazo, de que o negócio é consistente e as carreiras podem frutificar naquele ambiente corporativo.

Garantir que a equipe tenha ideia do todo

Todo colaborador deve ter uma visão holística do negócio em que atua. Ele precisa entender que sua colaboração dentro da engrenagem da empresa é fundamental, compreender que aquela peça que ele está produzindo, por exemplo, não é algo isolado: é uma peça de um quebra-cabeça maior que compõe um todo. Quando o funcionário produz apenas um item de uma grande engrenagem, é muito fácil para ele perder a motivação de fazer o que faz diariamente, por isso precisa saber que é um elemento-chave em um negócio mais complexo, mas que também depende dele para sobreviver e evoluir.

Saber que sucesso é expectativa menos realidade

Essa é uma regra de ouro para qualquer pessoa em seu caminho rumo à liderança imbatível: entender que sucesso é expectativa menos realidade. Geralmente, construímos na cabeça a imagem de que o êxito é uma linha reta, quando na verdade é uma trilha tortuosa, cheia de obstáculos. Portanto, é sempre necessário lembrar que, para chegar ao sucesso, teremos que lidar com nossas expectativas e ilusões, compreender que tomaremos muitos banhos de água fria ao lidar com as perspectivas dadas pela realidade, mas saber que é preciso persistir.

Agora que você tem uma ideia geral dos atributos de um líder imbatível, quero ajudá-lo a construir sua própria imagem nessa posição. O primeiro passo para isso é a autoconsciência, então quero propor um exercício.

Exercício

Vamos delinear seu retrato atual como líder. Ele será importante para que você veja sua própria transformação ao longo do livro.

Com base nos atributos do líder imbatível, preencha a tabela a seguir com sinceridade. No lado esquerdo estão as perguntas. No lado direito, basta assinalar os campos "SIM" ou "NÃO" com um **X** de acordo com as respostas.

QUESTÕES	SIM	NÃO
1. Você costuma celebrar a evolução de seus colegas no ambiente profissional, sejam eles seus pares, líderes ou liderados?		
2. Você gosta de receber novos desafios, mesmo que exijam muito esforço?		
3. Você costuma se posicionar no trabalho, mesmo com receio de receber retaliações e críticas?		
4. Você costuma não se contentar com soluções fáceis e apenas paliativas para os problemas e acaba buscando resoluções mais estruturais e definitivas para as questões do trabalho?		
5. Você costuma pedir aconselhamento aos seus colegas quando precisa tomar alguma decisão mais importante?		
6. Você fica receoso quando alguém propõe o uso de um programa ou recurso novo no trabalho?		
7. Você costuma delegar tarefas com orientações aos colegas e fica tranquilo em ver o resultado apenas na data de entrega?		
8. Você consegue acreditar em um liderado e dar-lhe uma segunda chance quando necessário, mesmo sabendo que ele está desmotivado?		
9. Você faz concessões diante da possibilidade de maximizar seus resultados ainda que tenha de ir contra seus princípios?		
10. Você utiliza discursos diferentes de acordo com o colaborador com quem precisa falar, de modo a otimizar sua comunicação?		
11. Você foca a solução, mesmo diante de problemas mais complexos e que demandam estudo?		
12. Você costuma expor seus pensamentos e suas crenças, ainda que possa ser contrariado por algum líder ou liderado?		
13. Você lida bem com a diversidade, mesmo que ela represente algo diferente daquilo em que você acredita?		
14. Você consegue transmitir segurança aos seus liderados de modo que eles entendam que a empresa é uma instituição consistente e duradoura?		
15. Você tem uma visão holística de todos os processos da empresa e consegue transmiti-la aos seus liderados?		
16. Você tem consciência de que vencer obstáculos diariamente faz parte do caminho para se chegar ao sucesso?		
TOTAL DE RESPOSTAS		

O guia para tornar-se um líder imbatível **87**

Agora, conte as quantidades de "SIM" e "NÃO" e anote os resultados no campo "Total de respostas". Quanto mais respostas "SIM", mais perto você está de se tornar um líder imbatível. Nos próximos capítulos, mostrarei práticas e atitudes para facilitar sua evolução.

No entanto, caso tenha assinalado muitos "NÃO", fique tranquilo: transformaremos esse retrato de modo que você trabalhe suas potencialidades para se tornar um líder imbatível! O primeiro passo já está sendo dado, com a leitura deste livro e a prática do método que apresento nele. Portanto, siga adiante!

Os pilares da liderança imbatível

O método Liderança Imbatível é um sistema robusto e holístico desenvolvido para transformar líderes e suas equipes. Ele tem como base os meus anos de experiência, estudo e aplicação prática em diversas organizações. A seguir, apresento uma breve visão dos componentes principais, que serão detalhados nos capítulos subsequentes e que decidi chamar de pilares da Liderança Imbatível.

Antes, porém, quero que você observe a figura a seguir, que mostra o tetraedro do diamante que compõe o método Liderança Imbatível. A correlação entre o tetraedro e o diamante está ligada à maneira como os átomos de carbono se organizam geometricamente na estrutura cristalina do diamante, formando múltiplos tetraedros interligados. Mantidos em equilíbrio perfeito, as faces e os vértices dos tetraedros compõem a figura do diamante e simbolizam as qualidades do líder imbatível.

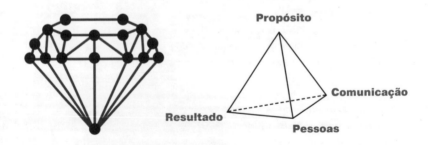

Propósito

Em linhas gerais, o propósito é algo que dá sentido à nossa vida. Por meio do método Liderança Imbatível, vamos compreender e articular um propósito claro, que alinhe os objetivos pessoais e profissionais com a missão da organização. Um propósito bem-definido tem o poder de motivar e inspirar tanto o líder quanto a equipe, proporcionando direção e significado ao trabalho.

Comunicação

A comunicação, tão presente em nosso dia a dia, pode ser definida de maneira bastante simplificada como a ação de emitir uma mensagem e receber outra como resposta. Com o método, auxiliarei você a entendê-la melhor e a desenvolver habilidades comunicativas eficazes, incluindo a escuta ativa, o feedback construtivo, a linguagem não verbal e a clareza na transmissão de informações. Uma comunicação clara e empática fortalece os relacionamentos, resolve conflitos e alinha a equipe em torno dos objetivos comuns.

Pessoas

Quando falamos de empresas, organizações, clubes e instituições, devemos lembrar que eles são formados por pessoas, por profissionais. Por meio do método Liderança Imbatível, focaremos o desenvolvimento e o bem-estar dos indivíduos, promovendo um ambiente de apoio, crescimento e colaboração. Investir em pessoas proporciona a criação de uma equipe engajada e leal, capaz de atingir altos níveis de desempenho e inovação.

Resultado

O resultado é o que conseguimos por meio das ações que desenvolvemos. Trabalhamos para que as corporações gerem resultados e, com eles, progridam em termos não apenas econômicos, mas também estratégicos, de modo a deixar um legado e proporcionar um impacto positivo no mundo. O método ajudará você a estabelecer e perseguir metas ambiciosas, medindo e celebrando os progressos e as conquistas ao longo do caminho. Focar o resultado garante que a equipe mantenha a direção e a eficiência, alcançando os objetivos organizacionais sustentavelmente.

Nos capítulos seguintes, mergulharemos em cada um desses pilares, explorando estratégias práticas e exemplos reais de como aplicar o método Liderança Imbatível, que não apenas transforma líderes, mas também cria equipes resilientes, inovadoras e alinhadas com um propósito maior. Convido você a embarcar nesta jornada de descoberta e crescimento.

AS PESSOAS SÓ PRECISAM DE ALGUÉM QUE ACREDITE NELAS PARA ATINGIR SEU MÁXIMO POTENCIAL.

OS 4 PILARES DA LIDERANÇA IMBATÍVEL
@RENATO.TRISCIUZZI

06

O PROPÓSITO, OU DESCOBRINDO O QUE O MOVE

"Esforço e coragem não são suficientes sem propósito e direção."
John F. Kennedy[48]

gora que você já fez um retrato de seu atual perfil de liderança, começaremos a jornada para aprimorá-lo. Inicialmente, quero falar do primeiro pilar do método Liderança Imbatível: o Propósito. Esse pilar serve como a luz que guia o caminho do líder, dando-lhe norte, clareza e visão.

De uma maneira simples e direta, o propósito pode ser resumido como aquilo que o faz levantar-se da cama todos os dias. É a razão de você fazer o que faz, de trabalhar no que trabalha. É o que lhe dá satisfação e sentimento de plenitude por cumprir sua jornada todos os dias.

Mais estruturadamente, o conceito de propósito pode ser entendido como a razão da existência de uma pessoa, um grupo ou uma organização. É aquilo que dá sentido e direção às ações e decisões, guiando-as para um objetivo maior que transcende os interesses individuais.

Embora o propósito tenha entrado em voga com mais destaque na última década, tornando-se muito valorizado pelas gerações mais jovens, seu conceito já vem sendo estudado há muitos anos. Por isso, eu gostaria de apresentar definições e insights dos principais autores que falam sobre propósito e liderança.

Fred Kofman, coach executivo e consultor em liderança e cultura, destaca que o propósito tem dois componentes principais: dar sentido à vida, no que tange à cognição, e ter um senso de finalidade, aspecto

---

[48] KENNEDY, J. F. Esforço... *In:* **Pensador**. Disponível em: https://www.pensador. com/frase/MTc4MDYzMA. Acesso em: 9 out. 2024.

relacionado à motivação.[49] Logo, o componente cognitivo envolve integrar experiências em uma narrativa coerente, ao passo que o componente motivacional consiste em buscar ativamente metas de longo prazo que reflitam a identidade de alguém e transcendam os interesses pessoais. Ele enfatiza que o propósito está associado à perseverança, à gratidão e à expressão emocional, contribuindo para a resiliência e a adaptação.

Já o autor e palestrante Simon Sinek, em seu livro *Comece pelo porquê*, argumenta que o propósito é a causa ou crença fundamental que motiva ações e decisões.[50] Segundo ele, a clareza de propósito é essencial para inspirar e mobilizar pessoas. Sinek usa o conceito do "Círculo Dourado" – uma metodologia de geração de valor e motivação, com base na figura do círculo –, em que o "porquê" está no centro e é o fator determinante para a motivação verdadeira e duradoura. Logo, ele acredita que as organizações e os líderes mais bem-sucedidos são aqueles que começam pelo porquê e usam isso para guiar suas estratégias e ações.

Em seu livro *Os 7 hábitos das pessoas altamente eficazes*, o escritor Stephen Covey explora a importância de um propósito ou uma missão pessoal.[51] Ele descreve como uma missão clara e pautada em princípios pode servir como bússola para a tomada de decisões e a modelagem de comportamentos, proporcionando um sentido de direção e significado à vida. Além disso, Covey argumenta que o propósito é fundamental para a proatividade e a eficácia pessoal, pois ajuda as pessoas a alinhar suas ações com seus valores mais profundos.

---

[49] KOFMAN, F. **Liderança e propósito**: o novo líder e o real significado do sucesso. Rio de Janeiro: Harper Collins, 2018.

[50] SINEK, S. **Comece pelo porquê**: como grandes líderes inspiram pessoas e equipes a agir. Rio de Janeiro: Sextante, 2018.

[51] COVEY, S. R. **Os 7 hábitos das pessoas altamente eficazes**. Rio de Janeiro: BestSeller, 2014.

O escritor, pastor e conferencista John C. Maxwell também enfatiza a importância do propósito na liderança.[52] De acordo com ele, um líder deve ser capaz de articular um propósito claro que alinhe os objetivos pessoais e profissionais com a missão da organização. Ainda, o autor destaca que um propósito bem-definido pode inspirar e motivar tanto o líder quanto a equipe, proporcionando direção e significado ao trabalho.

Por tudo isso, é preciso levar em consideração a importância de identificar o propósito que motiva sua vida e sua liderança. Trata-se do primeiro pilar da liderança imbatível, porque é o motor que dá energia para que você siga na direção de seus objetivos pessoais, profissionais e financeiros.

Identificando um propósito claro

Como comentei no capítulo anterior, o método Liderança Imbatível é formado por quatro pilares fundamentais, que precisam estar em equilíbrio para que o líder deixe de ser comum e torne-se imbatível. O Propósito, portanto, é um pilar fundamental para qualquer líder que deseja inspirar e motivar sua equipe de maneira significativa e duradoura.

Ao descobrir o seu propósito e o de sua liderança, integrando suas experiências de vida e profissionais em uma narrativa coerente, você terá formado uma identidade clara. Quem você é, quais são suas crenças e escolhas de vida estarão compreendidos nessa identidade. Ela o ajudará a buscar ativamente metas de longo prazo que sejam fiéis à sua identidade, aos seus valores e aos objetivos de seus liderados.

Os benefícios dessa descoberta são o aumento de motivação e de engajamento, tanto seu quanto de sua equipe. Ela proporcionará uma direção clara para as ações e a tomada de decisões, ajudando você e sua equipe a entender a importância do trabalho realizado. A descoberta do propósito ainda fortalece a capacidade de enfrentar desafios e adversidades com uma atitude positiva e determinada.

---

[52] MAXWELL, J. C. **As 21 irrefutáveis leis da liderança**: uma receita comprovada para desenvolver o líder que existe em você. Rio de Janeiro: Thomas Nelson Brasil, 2017.

O primeiro passo para desenvolver um propósito claro é a autoavaliação, que o levará a descobrir suas paixões, seus valores e seus objetivos. A seguir, você encontra um exercício simples, mas eficaz, para pôr no papel, de maneira objetiva, o que o move tanto na vida pessoal quanto na profissional.

Exercício

Este exercício foi pensado para ajudar você a identificar as atividades de que gosta e alinhar essas paixões com seu propósito de liderança. Por meio de uma série de reflexões e perguntas guiadas, você será capaz de esclarecer o que realmente o move e como isso pode ser integrado ao seu papel de líder.

Parte 1: Reflexão pessoal
Momentos de alegria e satisfação

Pense nos momentos de sua vida profissional e pessoal em que você se sentiu mais feliz e realizado. Quais atividades ou realizações estavam envolvidas? Anote a seguir três momentos específicos e descreva o que estava acontecendo, quem estava envolvido e por que esses momentos foram tão significativos para você.

Exemplo: digamos que um momento extremamente importante para você foi quando ganhou uma competição pela primeira vez. Era um torneio de vôlei na faculdade, quando o elegeram capitão do time. Sua liderança foi fundamental porque seus colegas de classe se sentiram animados com suas brincadeiras e palavras de incentivo e, com isso, o time alcançou a vitória. Então, você pode dizer que o momento importante foi quando venceu um torneio esportivo pela primeira vez; estavam envolvidos nele seus colegas de faculdade, sendo que um deles é seu melhor amigo até hoje; e esse momento foi especial porque você entendeu que a mistura exata entre incentivo e descontração é determinante para o sucesso e que colegas podem se transformar em amigos.

O PROPÓSITO DÁ SENTIDO E DIREÇÃO ÀS AÇÕES E DECISÕES, GUIANDO-AS PARA UM OBJETIVO MAIOR QUE TRANSCENDE OS INTERESSES INDIVIDUAIS.

OS 4 PILARES DA LIDERANÇA IMBATÍVEL
@RENATO.TRISCIUZZI

Momento 1

a. Que momento foi esse?

b. Quem estava envolvido nele?

c. Por que esse momento foi especial?

Momento 2

a. Que momento foi esse?

b. Quem estava envolvido nele?

c. Por que esse momento foi especial?

Momento 3

a. Que momento foi esse?

b. Quem estava envolvido nele?

c. Por que esse momento foi especial?

Essa primeira parte do exercício é fundamental para você descobrir, por meio das atividades, pessoas e razões envolvidas em seus momentos de felicidade e plenitude, o que realmente preenche sua vida e seu trabalho. Muita gente acredita que momentos de felicidade são vividos apenas quando exercitamos nossos hobbies, mas esse é um grande equívoco. As atividades que nos trazem alegria são grandes indicadores de nossos propósitos de vida, por isso é tão importante olhá-las com mais atenção e entender a razão de nos trazerem alegria e sensação de plenitude.

Parte 2: Valores, fontes de energia e impacto desejado

Após mapear os momentos importantes em sua vida, as pessoas que participaram deles e por que eles foram importantes, responda às questões a seguir, que podem ou não ter relação com os momentos descritos anteriormente. Lembre-se de ter absoluta honestidade.

Valores fundamentais – Quais são os valores que você mais preza e que guiam suas decisões e ações? Liste os três principais e descreva por que cada um desses valores é importante para você.

Exemplo: você pode dizer que a sinceridade é importante para você. Caso tenha dificuldade em definir um motivo objetivo para isso, pode pensar que, sem sinceridade, não conseguiria ter uma noite de sono tranquila. A falta de descanso adequado ao longo de dias ou semanas afetaria seu desempenho. Portanto, você pode dizer que a sinceridade é um valor fundamental porque, sem a praticar, não poderia dormir direito e provavelmente ficaria doente.

Valor 1: _____

É importante porque: _____

Valor 2: _____

É importante porque: _____

O propósito, ou descobrindo o que o move **99**

Valor 3: _____

É importante porque: _____

Agora, vamos falar do que lhe dá combustível para fazer o que faz, ou seja, suas fontes de energia. Sabe aquela tarefa que você pode facilmente acordar às 5 da manhã para fazer porque ela o deixa feliz de qualquer modo? É disso que estamos falando aqui.

Fontes de energia – Quais atividades ou tarefas fazem você se sentir energizado e motivado mesmo depois de um longo dia? Liste três delas.

Exemplo: você gosta de dar treinamentos aos seus liderados. Isso o faz sentir que suas instruções são relevantes, que liderados bem-treinados geram menos problemas nas etapas subsequentes do trabalho. Você pode dizer que gosta dos treinamentos porque se sente útil aos seus colegas, contribuindo para o desenvolvimento deles e para o maior índice de acerto nos processos corporativos.

Atividade 1: _____

Ela me motiva porque: _____

Atividade 2: _____

Ela me motiva porque: _____

Atividade 3: _____

Ela me motiva porque: _____

Por fim, mas não menos importante, precisamos analisar o legado que você gostaria de deixar no mundo, o impacto que quer causar. Ele reúne suas palavras e ações, seus feitos e o impacto causado nas pessoas ao redor.

Impacto desejado – Que tipo de impacto você quer ter no mundo? Como você quer ser lembrado? Escreva uma declaração de impacto pessoal que resuma como você gostaria de influenciar os outros e a sociedade.

Por exemplo: digamos que, devido àquela competição que você venceu na parte 1 do exercício, foi colocada uma placa na quadra de esportes de sua antiga faculdade, homenageando os capitães dos times vencedores de cada ano. Com isso, o sobrinho de um amigo seu que acabou de entrar na mesma faculdade que você cursou comentou que viu seu nome lá, disse que nunca poderia imaginar que você havia sido campeão de vôlei e, com isso, resolveu também entrar para o time da faculdade, o que o levou a praticar mais esportes e melhorar a saúde. Você pode dizer, então, que seu legado será servir de exemplo, por meio de suas palavras e ações, a todos que tiverem conhecimento de sua vida e seus feitos, ajudando a melhorar as condições de vida das pessoas impactadas.

Anote, a seguir, que legado gostaria de deixar para o mundo.

Meu legado será:

_____

_____

_____

_____

_____

_____

_____

_____

_____

Após fazer as anotações, volte ao exercício, releia as respostas e verifique quais pistas existem sobre seu propósito. Elas devem ter aspectos em comum que sinalizem o que é a força motriz de sua vida profissional e sua liderança.

O propósito, ou descobrindo o que o move **101**

Por exemplo, digamos que os exemplos dados fossem de uma pessoa real. Considerando todas as respostas, poderíamos deduzir que:

- É perceptível o prazer de estar com pessoas, pois um dos momentos importantes da vida foi quando ganhou a competição da faculdade em companhia de colegas de turma, sendo que um deles chegou a se tornar um grande amigo; além disso, dar treinamentos envolve o contato com pessoas.
- A comunicação é importante, pois a vitória na competição da faculdade só aconteceu porque houve equilíbrio entre descontração e seriedade, transmitido na comunicação com o time; além disso, treinar pessoas requer boa habilidade de comunicação e sinceridade, que também apareceu como um valor importante.
- Seu legado é servir de exemplo de liderança e boa comunicação, pois foram seus atributos nessas categorias que levaram à vitória na competição da escola, que lhe renderam visibilidade e lhe possibilitaram deixar o legado que desejava, servindo de inspiração aos demais.

Essas pistas nos levam a concluir que essa pessoa estará mais próxima de realizar seu propósito de vida sendo uma boa comunicadora e trabalhando rodeada de colegas que a vejam como uma inspiração e fonte de bons conselhos de liderança. Ela se tornará uma líder imbatível à medida que se aproximar mais de seu propósito, aprimorar seus atributos na liderança e compreender os propósitos de seus liderados, de modo que todos estejam alinhados em prol de objetivos comuns.

Para que você tenha um exemplo real, compartilharei meu propósito de vida. No meu caminho diário para a manutenção da liderança imbatível, o que me move é o profundo desejo de inspirar e capacitar as pessoas, principalmente meus liderados, a alcançar seu potencial máximo. Minha missão é criar um ambiente onde cada membro da equipe se sinta valorizado, motivado e conectado com um propósito maior. O sucesso para mim não é medido apenas pelos resultados financeiros obtidos nem pelas metas alcançadas, mas sim pelo crescimento e desenvolvimento das pessoas ao meu redor, pela criação de uma cultura de respeito e colaboração e pelo impacto positivo que deixo na organização e na sociedade.

A conexão com o propósito da liderança

Como o objetivo é torná-lo um líder imbatível, proponho agora que você busque o alinhamento de suas paixões com o propósito da liderança. Para isso, reflita sobre a seguinte pergunta, respondendo da forma mais honesta possível: *Como suas paixões podem ser integradas ao seu papel de líder? Quais aspectos de seu trabalho atual permitem que você explore essas paixões?*

Minha proposta é que você anote maneiras específicas de incorporar suas paixões a suas responsabilidades diárias de liderança. Por exemplo, caso tenha paixão por treinar pessoas, busque toda semana ensinar algo novo aos liderados, ainda que seja um tema sem uma relação tão direta com o trabalho que desenvolvem. Isso gerará um ambiente de proximidade e confiança entre vocês.

Também é importante identificar sua missão pessoal de liderança. Por isso, eu lhe pergunto: *Com base em suas reflexões anteriores, qual é sua missão pessoal como líder?* Pode ser fazer com que seus liderados entendam de determinado assunto com perfeição; desenvolver seus liderados como novos líderes propagadores da cultura da empresa; ou qualquer outra missão, desde que ela esteja clara para você e para as pessoas que se beneficiarão dela.

Por isso, sugiro que você escreva uma declaração de missão pessoal que incorpore suas paixões, seus valores e o impacto que deseja ter como líder. Todos precisam compreender esses objetivos, inclusive para o ajudarem a ser fiel a eles.

Também é essencial ter clareza de suas metas de curto e longo prazos. Por isso, eu lhe pergunto: *Quais são suas metas de curto e longo prazo, alinhadas com seu propósito e sua missão pessoal?* Você pode ter como meta de curto prazo, por exemplo, fazer um treinamento de boas-vindas a cada novo colaborador incorporado à empresa e, como meta de longo prazo, consolidar rituais que reafirmem os valores da empresa a cada dois ou três anos.

Para que essas metas estejam claras e sejam de conhecimento de todos na equipe, defina pelo menos duas metas de curto prazo (ou seja, para os próximos seis meses) e duas de longo prazo (para os próximos três ou cinco anos) que reflitam seu propósito de liderança.

Propósitos pessoais *versus* missão da empresa

Um processo enriquecedor – e que eliminará possíveis ruídos entre os colaboradores e a empresa – é a análise cruzada dos propósitos pessoais dos colaboradores em relação à missão da empresa. Separe um tempo, ao longo da rotina semanal da equipe, para que todos possam descobrir suas paixões e seus valores, assim como você fez nos exercícios apresentados anteriormente neste capítulo.

Uma vez que todos do time tenham uma compreensão clara de seus valores e objetivos, o próximo passo é articular o propósito pessoal de cada colaborador. Isso deve refletir quem são e o que desejam alcançar. Como líder, não se esqueça de que seu propósito, além daquele que você definiu como propósito de vida aqui no livro, deve ser a evolução e a ajuda aos seus liderados. Esse auxílio demonstrará quão valiosos eles são para a equipe e para a empresa.

Assim, crie uma declaração de missão pessoal que incorpore as paixões, as habilidades e o impacto que cada membro do time deseja ter. Ela deve ser concisa e inspiradora e refletir com exatidão o perfil de cada colaborador.

Para alinhar o propósito pessoal de cada indivíduo com o da organização, é fundamental que todos entendam a missão, a visão e os valores da empresa. Revise-os antes de ter essa conversa com seus liderados. Participe de reuniões e discussões com seus líderes e pares para aprofundar a compreensão sobre os objetivos estratégicos da companhia.

Para o alinhamento de propósitos, identifique pontos de convergência entre os propósitos pessoais e o propósito organizacional, pois isso é crucial para criar uma coesão significativa. Realize workshops de alinhamento em que os membros da equipe compartilhem suas declarações de missão pessoal e discutam como elas se conectam com a missão da organização. Use técnicas de *brainstorming*, como os clássicos *brainwriting*, seis chapéus do pensamento, mapa mental, Round-Robin ou SCAMPER, para identificar áreas de sinergia e ver como pode ajudá-los a evoluir e atingir os próprios objetivos.

Um propósito claro deve ser comunicado de maneira consistente para garantir que todos na organização estejam alinhados. Desenvolva uma estratégia de comunicação que inclua reuniões regulares, boletins informativos e plataformas de comunicação interna. Use histórias e exemplos concretos para ilustrar o propósito em ação.

Para a incorporação do propósito no dia a dia, certifique-se de que ele esteja integrado às atividades e aos processos diários da organização para ser efetivamente implementado. Crie políticas e práticas que reflitam o propósito, como critérios de contratação que considerem o alinhamento com os valores da empresa, programas de reconhecimento e recompensas com base em comportamentos alinhados ao propósito e iniciativas de desenvolvimento profissional que enfatizem o propósito.

Também é de extrema importância medir e avaliar o impacto do propósito na motivação e no desempenho da equipe. Desenvolva métricas para avaliar o engajamento e a satisfação dos funcionários, bem como o progresso em relação aos objetivos organizacionais. Realize pesquisas de clima organizacional e feedback 360 graus regularmente. Não espere que sua empresa o faça: tenha isso como meta e execute-a ao menos uma vez ao ano.

Exercício

Para avaliar a clareza e a eficácia de seu propósito como líder, é importante responder às questões a seguir, que revelam seu alinhamento com os valores de sua equipe e da organização e a forma como esse propósito inspira e motiva a equipe. A seguir estão algumas questões pautadas no conceito de um líder imbatível.

1. *Clareza e definição do propósito*
   a. Qual é sua declaração de propósito pessoal como líder?

b. Como você descreveria a missão e a visão de sua equipe e da organização?

_____

c. De que maneira seu propósito pessoal se alinha com a missão e a visão de sua equipe e da organização?

_____

d. Você consegue articular claramente seu propósito para a equipe? Dê um exemplo.

_____

2. _Inspiração e motivação_

a. Como seu propósito influencia suas decisões e ações diárias como líder?

_____

b. Você acredita que seu propósito pessoal motiva e inspira sua equipe? Por quê?

_____

c. Quais são algumas das formas pelas quais você compartilha seu propósito com a equipe?

_____

d. Você pode citar um momento recente em que seu propósito ajudou a motivar a equipe em um desafio específico?

_____

3. _Alinhamento com os valores organizacionais_

a. Como você garante que suas ações e decisões estejam sempre alinhadas com os valores de sua equipe e com o da organização?

_____

b. Você pode citar uma decisão difícil que tomou recentemente e descrever como seu propósito influenciou essa decisão?

c. Quais práticas ou políticas você implementou para reforçar o alinhamento entre os propósitos pessoais da equipe e os objetivos organizacionais?

4. *Integração do propósito na cultura organizacional*

a. De que maneira você integra o propósito da organização nas atividades diárias da equipe?

b. Quais iniciativas você liderou ou apoiou para promover uma cultura de propósito na organização?

c. Como você mede o impacto do propósito na motivação e no engajamento da equipe?

d. Você pode citar um projeto ou uma iniciativa em que o propósito da equipe teve um impacto significativo no resultado?

5. *Desenvolvimento pessoal e da equipe*

a. Como você ajuda os membros de sua equipe a descobrir e alinhar seus próprios propósitos com o da organização?

b. Você promove oportunidades de desenvolvimento que refletem o propósito da organização? Se sim, como?

O propósito, ou descobrindo o que o move **107**

c. De que maneira você incentiva e apoia o crescimento pessoal e profissional de sua equipe em alinhamento com o propósito da organização?

d. Como você lida com situações em que o propósito pessoal de um membro da equipe parece estar desalinhado com os objetivos da organização?

6. *Feedback e melhoria contínua*

   a. Com que frequência você busca feedback de sua equipe sobre a clareza e o impacto de seu propósito como líder?

   b. Como você utiliza esse feedback para ajustar e melhorar sua abordagem de liderança?

   c. Você pode citar uma mudança recente que fez em sua liderança com base no feedback sobre seu propósito?

   d. Quais métodos você usa para garantir que o propósito da organização esteja evoluindo de acordo com as necessidades e aspirações da equipe?

7. *Avaliação final do propósito*

   a. Como você descreveria o impacto de seu propósito no sucesso geral da equipe e da organização?

   b. Você acredita que seu propósito como líder está claramente compreendido e apoiado por todos os membros da equipe? Por quê?

c. Quais são os próximos passos que você planeja dar para fortalecer o alinhamento entre seu propósito pessoal, o propósito da equipe e os objetivos organizacionais?

Essas questões foram pensadas para ajudar a avaliar a profundidade e a eficácia do propósito de um líder imbatível, bem como seu impacto na equipe e na organização. Elas podem ser utilizadas em avaliações de desempenho, sessões de coaching ou como parte de um processo de feedback contínuo.

Compartilhando e implementando seu propósito

Para que todos saibam seu propósito e ele esteja alinhado com o de toda a equipe, encontre maneiras de comunicar a todos os colaboradores tanto o seu propósito quanto suas paixões. Uma forma eficaz de fazer isso é preparar uma apresentação ou um discurso curto por meio do qual você possa compartilhar sua missão pessoal e contar como ela guia sua liderança.

O ideal é que a reafirmação de seu propósito configure uma atividade diária ou, pelo menos, semanal. Para isso, crie um plano de ação que inclua práticas específicas para incorporar seu propósito e suas paixões no trabalho. É essa prática cotidiana que consolidará seu propósito e o tornará cada vez mais claro a todos da equipe.

Faça e repita esses exercícios periodicamente e a cada vez que uma nova formação de equipe surgir. Repita-os também, ao menos, a cada três anos, pois vivemos em um mundo líquido e com mudanças exponenciais.

Os exercícios deste capítulo são ferramentas poderosas para ajudá-lo a descobrir o que realmente move você e como isso pode ser integrado ao seu papel de liderança. Ao alinhar suas paixões com seu propósito de liderança, você não apenas aumenta a própria satisfação e motivação, mas também inspira e capacita sua equipe a alcançar grandes resultados.

Desenvolver e implementar um propósito claro requer um esforço consciente para alinhar os valores pessoais com os objetivos do time e da organização. Ao seguirem esses passos, os líderes podem criar um ambiente onde todos os membros da equipe estejam motivados e engajados, trabalhando juntos para alcançar metas significativas. Esse alinhamento não só melhora o desempenho organizacional, mas também promove a satisfação e a realização pessoal, estabelecendo uma cultura de propósito duradoura e impactante, bem como estruturando equipes imbatíveis.

O pilar Propósito é essencial para criar uma base sólida para uma liderança eficaz e inspiradora. Para finalizar, digo que o propósito do líder imbatível deve incluir a paixão por liderar, por desenvolver seus liderados e tornar sua organização melhor, independentemente de seus ganhos pessoais.

Agora, quero convidá-lo a conhecer melhor uma das ferramentas fundamentais para a transmissão de seu propósito: a Comunicação. Eu espero você no próximo capítulo!

O LÍDER DEVE ENCONTRAR O MELHOR EM SEU MAIS PROFUNDO EU E DESENVOLVER SUAS POTENCIALIDADES EM CONTATO COM O MUNDO.

OS 4 PILARES DA LIDERANÇA IMBATÍVEL
@RENATO.TRISCIUZZI

07

A COMUNICAÇÃO DA LIDERANÇA IMBATÍVEL

"O mais importante na comunicação é ouvir o que não foi dito."

Peter Drucker[53]

Agora que já falamos sobre o primeiro vértice do diamante do método Liderança Imbatível – o Propósito, aquele que nos dá força para seguir adiante, porque se relaciona diretamente com nossos valores, com o que acreditamos –, quero apresentar o vértice responsável por materializar as relações e as trocas entre indivíduos: Comunicação.

Embora esse seja um tema bastante debatido e conhecido pela importância no dia a dia e em todas as relações, veremos um pouco do conceito da comunicação para depois entender como ela molda a liderança imbatível.

De maneira bem sucinta, a comunicação é o processo em que uma pessoa, denominada *emissor*, emite uma *mensagem* a outra pessoa, denominada *receptor*. Aqui, o emissor pode ser uma pessoa ou um grupo de pessoas, uma instituição etc. O receptor também pode assumir a forma de uma pessoa ou de um conjunto delas, lembrando que o conceito básico é: para existir a comunicação, é necessário haver um emissor, um receptor e uma mensagem a ser transmitida.

Por sua vez, a mensagem, para ser inteligível – ou seja, compreendida –, precisa ser enviada por meio de um *canal* que seja acessível para o emissor e o receptor e em *códigos* que ambos conheçam; caso contrário, a mensagem não será interpretada corretamente.

Quando a mensagem não é interpretada corretamente pelo receptor, há o que chamamos de *ruído*, algo que impede que a comunicação se estabeleça por ambos os lados. Isso ocorre ou porque não se estabeleceu um canal

---

[53] DRUCKER, P. O mais... *In:* **Pensador**. Disponível em: https://www.pensador.com/frase/MjAyMDA3Ng/. Acesso em: 9 out. 2024.

entre os dois elementos da comunicação, ou porque o código não é de total conhecimento do receptor.

Assim, quando alguém pede uma informação na rua a um desconhecido, e ele responde, houve comunicação entre os dois; quando um palestrante fala aos espectadores em um evento, e eles saem repletos de novas informações, houve comunicação entre todos; quando um fabricante de automóveis comunica aos consumidores que uma peça de determinado lote de carros precisa ser trocada e faz um *recall* pela televisão, levando uma onda de proprietários de automóveis às concessionárias, houve comunicação. Em todos esses casos em que existem trocas efetivas de mensagens entre um emissor e um receptor, há *comunicação*.

Bem, mas se esses são casos em que a comunicação se estabelece para transmitir mensagens sobre coisas do dia a dia, qual seria a definição ou o conceito de comunicação para um líder imbatível? Na verdade, ela vai além de seu caráter meramente transmissor de mensagens. A comunicação é mais do que uma habilidade funcional: é a base sobre a qual se constrói a confiança, a inspiração e a coesão na equipe.

De acordo com uma pesquisa realizada pelo Project Management Institute Brasil (PMI), 76% de 300 grandes empresas entrevistadas apontam a comunicação no ambiente de trabalho como o motivo de fracasso de diversas atividades corporativas.[54] Outra pesquisa, conduzida pela Tower Watson, afirma que gerentes que se comunicam eficientemente ajudam a manter o engajamento dos colaboradores e têm em uma taxa de produtividade 26% superior.[55]

A comunicação eficaz envolve a transmissão clara e direta de informações, mas também abrange a capacidade de ouvir ativamente, entender as necessidades dos outros e criar um ambiente onde todos se sintam valorizados e ouvidos.

---

[54] A IMPORTÂNCIA de uma comunicação eficiente no ambiente de trabalho. **Terra**, 10 out. 2017. Disponível em: https://www.terra.com.br/noticias/dino/a-importancia-de-uma-comunicacao-eficiente-no-ambiente-de-trabalho,38dc2 201a51a91f303a84277748cd1cb02tugyc8.html. Acesso em: 9 out. 2024.

[55] *Ibidem.*

A comunicação é a pedra angular da liderança imbatível. Ela não apenas facilita a transmissão de informações, mas também desempenha um papel crucial na construção de confiança, inspiração, alinhamento, gestão de conflitos, promoção da inovação, desenvolvimento da equipe e reforço da cultura organizacional. Um líder que domina a arte da comunicação está bem equipado para enfrentar desafios, motivar sua equipe e alcançar resultados excepcionais.

O poder da comunicação para a liderança imbatível

Assim, veremos as principais razões que fazem da comunicação e do saber se comunicar bem, de maneira direta e efetiva, uma habilidade tão importante para a liderança imbatível. A seguir, enumero alguns dos benefícios proporcionados por uma boa comunicação por parte do líder imbatível.

Construção de confiança

Quando os líderes se comunicam de modo aberto e honesto, os membros da equipe sentem-se mais seguros e confiantes nas decisões e direções a serem tomadas. Isso porque não há meias-palavras na comunicação efetiva. Não se exige que os receptores "leiam nas entrelinhas", isto é, busquem significados ocultos na mensagem. Uma comunicação efetiva cria um ambiente de trabalho onde as pessoas se sentem valorizadas e respeitadas porque tudo é dito às claras.

Inspiração e motivação

Mensagens inspiradoras ajudam a elevar o moral da equipe, mantendo-a engajada e comprometida com os objetivos da organização. Não há liderado que goste de buscar metas quando seu líder duvida que todos consigam atingi-las. A comunicação eficaz pode transformar a visão do líder em uma missão compartilhada por todos, de modo que os liderados se sintam capazes de chegar ao objetivo proposto.

Alinhamento de objetivos

O alinhamento é crucial para garantir que todos trabalhem na mesma direção e contribuam para os mesmos objetivos. Isso evita mal-entendidos e desperdícios de esforço, aumentando a eficiência e a produtividade. Não existe sucesso nos ambientes em que os liderados se sentem remando para um lado, enquanto os líderes remam para outro. O lugar a ser alcançado tem que ser comum para todos.

Gestão de conflitos

Um líder imbatível usa suas habilidades de comunicação para mediar conflitos, promover o diálogo aberto e encontrar soluções que atendam às necessidades de todas as partes envolvidas. Isso mantém a harmonia e o respeito na equipe. Um liderado jamais se sentirá satisfeito se houver desunião no time: todos devem lutar em prol de um objetivo comum e de maneira harmônica. Conflitos pontuais podem existir, mas devem ser resolvidos o quanto antes.

Promoção da inovação

Quando os membros da equipe sentem que suas contribuições são ouvidas e valorizadas, são mais propensos a compartilhar suas ideias e soluções criativas, o que pode levar a inovações que beneficiam toda a organização. O líder imbatível deve sempre suplantar sua rejeição às inovações, comunicando claramente que todos são convidados a apresentar suas ideias e sugestões, estimulando o lado criativo dos liderados, sem críticas ou pré-julgamentos.

Desenvolvimento da equipe

Feedback regular e orientado para o desenvolvimento ajuda os membros da equipe a melhorarem suas habilidades e alcançarem seu potencial máximo. Lembrando que o feedback deve ser sempre construtivo, visando a melhorias. Dessa forma, existe contribuição para o crescimento individual e coletivo.

Reforço da cultura organizacional

Um líder imbatível se comunica de maneira a promover e reforçar a cultura organizacional, garantindo que os valores e comportamentos desejados sejam compreendidos e adotados por todos. Quando um liderado se afasta de determinados aspectos da cultura da organização, é preciso que isso seja dito, por meio de feedback construtivo e eficaz. A cultura só pode ser estabelecida quando seus aspectos são comunicados, tornam-se claros e são praticados por todos na organização.

UM LÍDER QUE DOMINA A ARTE DA COMUNICAÇÃO ESTÁ BEM EQUIPADO PARA ENFRENTAR DESAFIOS, MOTIVAR SUA EQUIPE E ALCANÇAR RESULTADOS EXCEPCIONAIS.

OS 4 PILARES DA LIDERANÇA IMBATÍVEL
@RENATO.TRISCIUZZI

A comunicação não é o que você fala: é o que o outro recebe

Uma das "máximas" da liderança é entender que a comunicação não se refere apenas ao que você diz, mas a como sua mensagem é recebida e compreendida pelos outros. A eficácia da comunicação é medida pela clareza e precisão com que a mensagem é interpretada pelo receptor. Um líder imbatível sabe que o verdadeiro sucesso da comunicação reside na percepção e no entendimento da equipe.

A percepção é uma chave importante para a comunicação eficaz. Mesmo a mensagem mais bem-intencionada pode ser mal interpretada se não for percebida da maneira correta pelo receptor. Portanto, os líderes devem sempre considerar o ponto de vista da audiência e ajustar sua comunicação para garantir que a mensagem seja recebida como planejado.

A comunicação eficaz é fundamental para a liderança imbatível e vai além do simples ato de falar. É essencial garantir que a mensagem seja recebida, compreendida e internalizada pela equipe. Ao focar clareza, solicitação de feedback, adaptação ao público e uso de estratégias de verificação de compreensão, os líderes podem assegurar que suas mensagens não só alcancem seu destino, mas também tenham o impacto desejado. Compreender que a comunicação é o que o outro recebe, e não apenas o que se diz, é essencial para construir um ambiente de confiança, motivação e sucesso coletivo.

Componentes da comunicação imbatível

Se o modo como a mensagem do líder é recebida por seus liderados é tão ou mais importante do que a forma como ela é emitida, é crucial conhecer alguns aspectos de uma comunicação imbatível. Descrevo a seguir alguns componentes fundamentais para que a comunicação seja bem recebida e compreendida.

Clareza e simplicidade

Mensagens claras e simples são mais fáceis de entender e menos propensas a serem mal interpretadas. Use uma linguagem direta, evite jargões e seja específico sobre suas expectativas. Não espere que seu interlocutor deduza o que você deseja dele: seja objetivo e claro quanto ao que é esperado.

Adaptação ao público

Ajustar o estilo de comunicação às necessidades e preferências do público-alvo aumenta a eficácia. Conheça bem sua equipe e adapte a forma de comunicação de acordo com o perfil de cada membro, considerando fatores como a experiência, a cultura e as preferências individuais. Você se lembra dos exemplos que mencionei na página 84, ao falar de um líder que precisava ajustar sua comunicação de acordo com dois liderados distintos? Um dos liderados requeria maior objetividade na comunicação, enquanto com outro era preciso ser mais prolixo. É disso que estou falando aqui: deve-se usar a linguagem que chegue de maneira efetiva ao interlocutor.

Escuta ativa e empatia

Tenha atenção ativa às respostas e reações da equipe e ajuste a comunicação conforme necessário. Observe a linguagem corporal, o tom de voz e as expressões faciais dos membros da equipe para detectar sinais de mal-entendidos. Se alguém parecer não ter compreendido bem sua mensagem, reitere-a para que fique clara para todos, de modo respeitoso e atencioso. Mostre empatia ao abordar preocupações e dúvidas, afinal, algo óbvio para você pode não se apresentar da mesma maneira para seus liderados.

Uso de exemplos e histórias

Eles ajudam a ilustrar pontos importantes e tornam a mensagem mais memorável, pois trazem concretude ao que muitas vezes pode parecer abstrato. Incorpore histórias e exemplos específicos que ressoem com a experiência da equipe, facilitando a compreensão do que precisa ser transmitido.

Consistência

Mensagens consistentes evitam confusão e reforçam o entendimento. Mantenha uma linha de comunicação coerente em todas as interações e use múltiplos canais e formas de comunicação para reforçar a mensagem. Não passe mensagens contraditórias, pois elas só geram ruído e confundem os liderados.

A comunicação da liderança imbatível **119**

Verificação da compreensão

Confirme que a mensagem foi recebida e compreendida corretamente. Pergunte aos membros da equipe se eles entenderam a mensagem e peça que a repitam em suas próprias palavras. Faça-o de maneira respeitosa, demonstrando que o intuito é saber se foi claro na transmissão da mensagem e jamais dando margem a interpretações equivocadas de que você duvida da capacidade intelectual deles.

Tipos de comunicação do líder imbatível

Embora tenhamos abordado os conceitos da comunicação e como ela é vital para o sucesso do líder imbatível, talvez você pense que ela só é importante no que se refere aos documentos e e-mails com os quais trabalha em seu dia a dia ou, ainda, que é necessária para se expressar bem nas conversas com seus líderes, pares e liderados. Você também pode pensar que ela só precisa se refletir em bons conhecimentos do português ou de outros idiomas, no bom uso da gramática ou na cordialidade, que deve ser o tom de toda mensagem.

Na verdade, a comunicação é um pouco mais complexa que isso. Ela se revela em aspectos nos quais não estamos tão habituados a pensar no cotidiano. Por isso, nos tópicos a seguir, destrincharemos algumas categorias da comunicação e o uso adequado delas.

Comunicação verbal

A comunicação verbal é a forma mais antiga e direta de transmitir informações e instruções. Para um líder imbatível, a comunicação verbal envolve tanto as palavras escolhidas quanto a maneira como elas são entregues. Três aspectos essenciais dessa forma de comunicação são: a entonação; o ritmo e as pausas; e a semântica positiva.

O poder da entonação

A entonação é a variação do tom de voz ao falar. Ela pode transmitir emoção, urgência, importância ou tranquilidade. Um líder que usa uma entonação entusiástica ao apresentar uma nova visão para a equipe pode inspirar e motivar os membros, enquanto uma entonação mais calma pode ajudar a tranquilizar a equipe em momentos de crise, por exemplo.

O poder do ritmo e das pausas

Durante a fala, as pausas podem ajudar a enfatizar pontos importantes e dar tempo aos ouvintes para absorver a informação. Por exemplo, durante uma reunião, um líder pode fazer pausas estratégicas após apresentar um ponto crucial, permitindo que a equipe reflita sobre a informação antes de continuar.

A semântica positiva (visão do "copo cheio")

Trata-se de utilizar uma linguagem positiva, focando as oportunidades e soluções, e não os problemas e desafios. Então, em vez de dizer, por exemplo, "Estamos enfrentando muitas dificuldades", um líder pode afirmar "Temos a oportunidade de superar desafios importantes juntos".

Comunicação não verbal

A comunicação não verbal, como o próprio nome diz, envolve expressões faciais, postura, gestos e outras formas de linguagem corporal que complementam ou substituem as palavras textuais faladas. O tema começou a ser explorado em 1872, quando o biólogo britânico Charles Darwin publicou seu livro intitulado *A expressão das emoções no homem e nos animais*,[56] um estudo pioneiro sobre expressões faciais.

No entanto, o estudo de expressões faciais e corporais do homem se popularizaria apenas em meados da década de 1960, com pesquisas realizadas por diversos psiquiatras e acadêmicos, e ganharia as páginas de muitos livros na década seguinte, como *A linguagem do corpo*, de Julius Fast,[57] e *How to Read a Person Like a Book* [Como ler uma pessoa como um livro, em tradução livre], de Gerard Nierenberg e Henry Calero,[58] sendo que este último volume era mais direcionado a negociações comerciais.

---

[56] DARWIN, C. **A expressão das emoções no homem e nos animais**. São Paulo: Companhia das Letras, 2009.

[57] FAST, J. **A linguagem do corpo**: como melhorar seu relacionamento no trabalho, em casa e na sociedade. São Paulo: Nobel, 2000.

[58] NIERENBERG, G. I.; CALERO, H. H. **How to read a person like a book**. Nova Iorque: Pocket Books, 1990.

Talvez você pense que a comunicação não verbal é algo que um líder deve treinar para saber como se colocar no mundo corporativo. Na verdade, envolve não só saber como agir e se portar, mas também saber observar seus liderados, pares e chefes. Então, ao entrar em uma reunião, por exemplo, faça uma leitura do ambiente e das posturas físicas das outras pessoas presentes. Isso vai lhe dar pistas do clima e, assim, permitir que você se comunique de maneira mais eficaz.

A postura e os gestos podem comunicar confiança, abertura e liderança. A forma como um líder se comporta fisicamente pode reforçar ou minar sua mensagem verbal. Um líder que mantém uma postura aberta, com braços descruzados e contato visual constante, por exemplo, demonstra acessibilidade e disposição para ouvir.

Como já comentei, uma política de portas abertas, por exemplo, não deve ser apenas um slogan, mas uma prática real. Ela deve estar representada por um líder que regularmente sai de seu escritório para interagir com a equipe e encoraja visitas espontâneas, provando que está disponível de verdade para diálogos informais e feedback. Essa postura mostra que o líder está de fato acessível para ouvir as preocupações e sugestões a qualquer momento. É importante manter conversas periódicas em reuniões individuais de 1 x 1 com os liderados, ao menos a cada semestre. Embora o ideal fosse uma periodicidade mensal, a possibilidade de fazer isso com essa frequência depende do tamanho da equipe.

Comunicação não violenta

A comunicação não violenta (CNV) é uma abordagem que enfatiza a empatia, a compreensão mútua e a resolução pacífica de conflitos. Ela envolve expressar-se de maneira honesta e clara sem culpar nem julgar seu interlocutor, bem como ouvir ativamente os outros com empatia.

A CNV começou a ser pesquisada pelo psicólogo estadunidense Marshall Bertram Rosenberg e mais uma equipe, incluindo seu colega de profissão Carl Rogers. Seus estudos e teorias estão consolidados em diversos títulos, sendo o mais famoso deles o *Comunicação não violenta*. Rosenberg chegou a criar uma instituição dedicada ao assunto, a The Center for Nonviolent Communication (Centro para a Comunicação Não Violenta).

Em termos cotidianos, o processo de pesquisa contínua da CNV de Marshall B. Rosenberg envolve algumas práticas,[59] como:

- *Observação sem julgamento*: é o ato de descrever situações objetivamente, sem adicionar julgamentos ou juízo de valor. Exemplo: "Notei que o relatório foi entregue após o prazo". Aqui, o emissor da mensagem se atém a descrever o fato, sem adicionar adjetivos que passem qualquer tipo de impressão pejorativa.

- *Expressão de sentimentos*: trata-se do compartilhamento de seus sentimentos de maneira sincera. Exemplo: "Fiquei preocupado com o atraso". Assim, o interlocutor sabe que sua ação gerou um sentimento no outro e que, de alguma forma, ela causou um impacto no interlocutor.

- *Identificação de necessidades*: é articular suas necessidades subjacentes para além de qualquer interesse pessoal. Exemplo: "Preciso garantir que nossos prazos sejam respeitados para manter a eficiência". É demonstrar que os interesses da empresa são priorizados acima dos pessoais, que a demanda não se deve ao capricho de alguém, mas a algo maior.

- *Fazer pedidos claros*: é fazer pedidos concretos e viáveis, que não deem margem a ambiguidades. Exemplo: "Você poderia, por favor, entregar os relatórios no prazo no futuro?". Isso quer dizer que não há espaços para atraso e que a entrega depois de determinada data o incomoda e não passa despercebida.

Comunicação adversa

A comunicação adversa refere-se ao modo como você lida com situações difíceis ou de conflito, momentos em que a comunicação pode ser desafiadora. Envolve a habilidade de enfrentar e resolver problemas de maneira direta e eficaz, mantendo o respeito e a dignidade de todas as partes envolvidas. Estas são algumas das características da comunicação adversa que identifiquei em meus anos de trabalho:

---

[59] INSTITUTO CNV BRASIL. **Comunicação não-violenta (CNV)**: o que é e como praticar. Disponível em: https://www.institutocnvb.com.br/single-post/comunicação-não-violenta-cnv-o-que-é-e-como-praticar. Acesso em: 9 out. 2024.

A comunicação da liderança imbatível **123**

- *Clareza e objetividade*: ser claro e direto ao abordar o problema sem rodeios.
- *Assertividade sem agressividade*: defender seu ponto de vista com firmeza, mas sem ser agressivo. Exemplo: "Entendo que houve um mal-entendido, mas precisamos resolver isso agora para seguir em frente". Ser assertivo jamais deve ser confundido com ser grosseiro.
- *Foco na solução*: manter o foco na busca por soluções em vez de atribuir culpas e não praticar a famosa "caça às bruxas". Exemplo: "Vamos trabalhar juntos para encontrar uma maneira de garantir que isso não aconteça novamente".

Exercício

Este exercício foi desenvolvido para ajudá-lo a identificar seu estilo predominante de comunicação como líder. Ele consiste em uma série de afirmações que você deve avaliar de acordo com a frequência com que as pratica. Ao final, poderá ter uma ideia clara de como se comunica e identificar áreas para melhoria.

Instruções

Assinale o quanto você concorda com cada afirmação a seguir, de acordo com uma escala de 1 a 5, sendo que:

1 = Discordo totalmente

2 = Discordo

3 = Neutro

4 = Concordo

5 = Concordo totalmente

Avaliação de comunicação

a. *Comunicação verbal*

    1. Eu uso variações de entonação para enfatizar pontos importantes.

      ☐ 1   ☐ 2   ☐ 3   ☐ 4   ☐ 5

    2. Eu faço pausas estratégicas durante minhas falas para permitir que a equipe reflita sobre o que foi dito.

      ☐ 1   ☐ 2   ☐ 3   ☐ 4   ☐ 5

3. Eu procuro sempre utilizar uma linguagem positiva e encorajadora.

☐ 1   ☐ 2   ☐ 3   ☐ 4   ☐ 5

b. *Comunicação não verbal*

1. Eu mantenho uma postura aberta e receptiva quando interajo com a equipe.

☐ 1   ☐ 2   ☐ 3   ☐ 4   ☐ 5

2. Eu utilizo gestos para reforçar e complementar minha mensagem verbal.

☐ 1   ☐ 2   ☐ 3   ☐ 4   ☐ 5

3. Eu demonstro disponibilidade real para a equipe, praticando a política de portas abertas.

☐ 1   ☐ 2   ☐ 3   ☐ 4   ☐ 5

c. *Comunicação não violenta*

1. Eu expresso meus sentimentos e minhas necessidades de maneira clara e sem julgamento.

☐ 1   ☐ 2   ☐ 3   ☐ 4   ☐ 5

2. Eu faço pedidos claros e específicos em vez de exigências.

☐ 1   ☐ 2   ☐ 3   ☐ 4   ☐ 5

3. Eu ouço ativamente e com empatia as preocupações da equipe.

☐ 1   ☐ 2   ☐ 3   ☐ 4   ☐ 5

d. *Comunicação adversa*

1. Eu enfrento situações difíceis de maneira direta e respeitosa.

☐ 1   ☐ 2   ☐ 3   ☐ 4   ☐ 5

2. Eu mantenho a calma e a objetividade ao lidar com conflitos.

☐ 1   ☐ 2   ☐ 3   ☐ 4   ☐ 5

3. Eu foco encontrar soluções em vez de atribuir culpas.

☐ 1   ☐ 2   ☐ 3   ☐ 4   ☐ 5

Análise dos resultados

a. *Comunicação verbal*

Some suas pontuações para as afirmações. Se a soma total estiver entre 12 e 15 pontos, você tende a utilizar uma comunicação verbal eficaz.

b. *Comunicação não verbal*

Some suas pontuações para as afirmações. Se a soma total estiver entre 12 e 15 pontos, você utiliza a comunicação não verbal de maneira eficaz.

c. *Comunicação não violenta*

Some suas pontuações para as afirmações. Se a soma total estiver entre 12 e 15 pontos, você está bem alinhado com os princípios da comunicação não violenta.

d. *Comunicação adversa*

Some suas pontuações para as afirmações. Se a soma total estiver entre 12 e 15 pontos, você se comunica bem em situações adversas.

Reflexão

- *Áreas fortes*: para cada área em que sua pontuação foi alta, pense em exemplos específicos de como você aplica esses princípios em sua liderança. Parabenize-se por essas competências e continue a desenvolvê-las.
- *Áreas para melhoria*: para áreas em que sua pontuação foi baixa, identifique ações específicas que você pode ter para melhorar. Por exemplo, se sua comunicação não verbal pode ser melhorada, opte por manter uma postura aberta e usar gestos mais eficazes em suas interações diárias.

Plano de ação

1. Estabeleça metas específicas para melhorar suas áreas mais fracas. Por exemplo: "Vou praticar a escuta ativa por quinze minutos todos os dias".

2. Peça feedback à sua equipe a respeito de suas habilidades de comunicação. Use-o para ajustar o que for necessário e melhorar continuamente.

3. Pratique regularmente. A comunicação eficaz é uma habilidade que pode ser aprimorada com prática constante. Encontre oportunidades diárias para praticar os diferentes tipos de comunicação.

Conclusão

Este exercício simples oferece uma visão inicial de seu estilo de comunicação predominante. Use os insights obtidos aqui para refletir sobre suas práticas atuais e identificar áreas de melhoria. Desenvolver uma comunicação eficaz é crucial para se tornar um líder imbatível que inspira, motiva e guia sua equipe para o sucesso.

Os mecanismos da comunicação para um líder imbatível

Agora que você tem um retrato mais preciso dos pontos a melhorar em sua comunicação para se tornar um líder imbatível, quero compartilhar mecanismos de comunicação e sugerir algumas práticas. Esses mecanismos não apenas facilitam a transmissão clara de informações, mas também ajudam a construir relações fortes, inspirar a equipe e manter todos alinhados com os objetivos da equipe e da organização.

Escuta ativa

A escuta ativa envolve prestar total atenção ao interlocutor, mostrando empatia e interesse genuíno e respondendo de maneira que confirme a compreensão. Ela é mais do que exercitar o ato de ouvir: é se interessar de verdade pelo que o outro diz e interagir com ele a partir disso.

- Faça perguntas esclarecedoras para garantir que você compreendeu corretamente o que foi dito.
- Reformule o que você ouviu para confirmar sua compreensão e mostrar que você está atento.
- Evite interrupções e dê ao interlocutor a oportunidade de expressar completamente suas ideias e preocupações. Não o interrompa.

- Desligue o computador e o celular no momento da conversa, reúna-se em um local reservado e, se possível, feche a porta para estabelecer o diálogo.

Feedback construtivo

É essencial para o crescimento e desenvolvimento contínuo. Ele deve ser específico, orientado para o comportamento e focado em como melhorar.

- Ofereça feedback em tempo real sempre que possível para que os membros da equipe possam agir imediatamente (logo após uma reunião ou apresentação, por exemplo).
- Balanceie críticas com elogios para manter a motivação e mostrar reconhecimento pelas conquistas. Recomendo iniciar com um elogio, colocar a crítica ou o aspecto a melhorar no meio e, ao final, fazer novamente um elogio, explicando como a pessoa ficará se aplicar a melhoria comentada. Isso a motivará a realizar a mudança. Eu chamo essa técnica de "sanduíche" (elogio/crítica/elogio).
- Seja claro e específico sobre o comportamento ou resultado que precisa ser ajustado e ofereça sugestões concretas para a melhoria.

Comunicação transparente

É uma prática que ajuda a construir confiança e credibilidade. Compartilhar informações de maneira aberta e honesta é fundamental para estabelecer relações em que as partes se sentem confortáveis e, caso necessário, demonstrem sem medo suas vulnerabilidades.

- Compartilhe informações relevantes sobre decisões, mudanças e desafios que afetam a equipe.
- Explique o raciocínio por trás das decisões para que todos compreendam o contexto e os objetivos.
- Mantenha a equipe informada sobre o progresso de projetos e iniciativas importantes, periódica e tempestivamente.

Comunicação não verbal

Como já comentei, ela inclui gestos, expressões faciais, postura e contato visual, ou seja, tudo o que não é expresso de maneira textual. Muitas vezes, essa comunicação é tão importante quanto as palavras que você usa.

- Mantenha contato visual para mostrar que você está focado e interessado na conversa.
- Use gestos e expressões faciais que sejam congruentes com sua mensagem verbal para reforçar seu ponto de vista.
- Adote uma postura aberta e receptiva para encorajar a participação e a troca de ideias.

Comunicação multidirecional

Ela incentiva a troca de ideias e o diálogo aberto, permitindo que tanto o líder quanto os membros da equipe compartilhem suas perspectivas.

- Promova discussões abertas em que todos se sintam à vontade para contribuir.
- Encoraje perguntas e feedback para garantir que todos compreendam a discussão e se sintam incluídos nas decisões.
- Fomente uma cultura de abertura em que sugestões e preocupações possam ser expressas sem medo de retaliação.

Histórias inspiradoras

O uso de histórias inspiradoras é uma maneira poderosa de transmitir mensagens importantes, inspirar a equipe e reforçar os valores organizacionais. Elas servem de exemplo para o que deve ser transmitido.

- Use exemplos reais para ilustrar pontos-chave e mostrar como os valores e objetivos da organização foram alcançados no passado.
- Compartilhe experiências pessoais que conversem com os desafios e as aspirações da equipe.
- Construa uma narrativa clara e envolvente que motive e inspire a equipe a alcançar seus objetivos.

Reuniões eficazes

Reuniões bem-conduzidas são cruciais para a comunicação eficaz e para manter a equipe alinhada e informada. O ideal é que elas tenham uma pauta clara e conhecida por todos e que não se estendam infinitamente, para evitar a perda de foco no meio do caminho.

- Estabeleça uma pauta clara e compartilhe-a com antecedência para que todos possam se preparar.
- Mantenha as reuniões focadas e produtivas, respeitando o tempo para que todos façam suas contribuições.
- Conclua com um resumo das decisões e dos próximos passos, garantindo que todos saibam o que é esperado deles.

Comunicação escrita clara

Em e-mails, relatórios e outras formas de comunicação escrita, a comunicação também deve ser clara, concisa e bem estruturada para evitar mal-entendidos. Não deve haver espaço para ambiguidades.

- Revise suas mensagens escritas para garantir que tenham clareza e precisão. Peça para alguém de confiança ler antes de enviar à equipe caso seja um assunto de alto impacto para os liderados.
- Use recursos de destaque, listas e parágrafos curtos para facilitar a leitura e a compreensão.
- Seja específico sobre ações e prazos para garantir que todos saibam o que é necessário. Conclua a mensagem final em um parágrafo.

Esses mecanismos de comunicação permitem que um líder imbatível inspire, motive e alinhe sua equipe de maneira eficaz. O que nos leva ao próximo pilar do método, que trata justamente das pessoas. Vamos lá?

COMUNICAÇÃO É O QUE O OUTRO RECEBE, E NÃO APENAS O QUE SE DIZ.

OS 4 PILARES DA LIDERANÇA IMBATÍVEL
@RENATO.TRISCIUZZI

08

AS EMPRESAS SÃO FEITAS DE PESSOAS

"Se quer ir rápido, vá sozinho. Se quer ir longe, vá em grupo."
Provérbio africano[60]

gora que já falamos sobre os dois primeiros vértices do diamante do método Liderança Imbatível – Propósito e Comunicação –, seguiremos para um dos mais importantes para se ter uma gestão humanizada: Pessoas. Esse é o pilar responsável por formar times e líderes nas equipes, cujo recurso mais estratégico são as pessoas.

A gestão de pessoas é a arte e a ciência de liderar, motivar e desenvolver os membros da equipe para que alcancem seu máximo potencial individual e coletivo. Para um líder imbatível, a gestão de pessoas vai além de administrar tarefas: é criar um ambiente onde cada indivíduo se sinta valorizado, engajado e inspirado a contribuir com suas melhores habilidades.

Você pode pensar que a gestão de pessoas é algo novo, mas não é: ela existia anteriormente no ambiente corporativo, mas tinha outro nome e era bem menos sofisticada do que hoje ou do que almejamos como líderes imbatíveis. Era chamada de "recursos humanos", ou RH.[61]

O termo "recursos humanos" surgiu em uma época em que as principais preocupações das empresas eram a eficiência e a produtividade. Os funcionários eram vistos principalmente como recursos – semelhantes a máquinas e materiais – que precisavam ser geridos para maximizar a produção. O foco estava mais na administração de processos do que no desenvolvimento humano em si.

---

[60] SE QUER... *In:* **Pensador**. Disponível em: https://www.pensador.com/frase/MTY5NzUyNA/. Acesso em: 9 out. 2024.

[61] A HISTÓRIA do departamento de recursos humanos. **Fellipelli**, 5 ago. 2016. Disponível em: https://fellipelli.com.br/a-historia-do-departamento-de-recursos-humanos. Acesso em: 9 out. 2024.

No entanto, à medida que as empresas evoluíram e a importância do capital humano se tornou mais evidente, houve uma mudança de perspectiva. A gestão de pessoas passou a reconhecer que os funcionários não são apenas recursos, mas seres humanos com talentos únicos, emoções e aspirações, e que as empresas são feitas de pessoas (todos os seus funcionários, incluindo seus líderes, liderados e clientes)! Essa evolução reflete uma compreensão mais profunda do papel que as pessoas desempenham no sucesso organizacional.

Para isso, também foi preciso incorporar a *empatia* como um dos valores da gestão de pessoas. A empatia é a capacidade de se colocar no lugar do outro, compreendendo suas emoções, perspectivas e necessidades. Para um líder imbatível, a empatia é uma competência essencial que permite construir conexões autênticas e profundas com a equipe. Ela é a base para a criação de um ambiente seguro e um dos principais ingredientes para gerar confiança entre líderes e liderados.

São componentes da empatia a *escuta ativa*, o *reconhecimento de emoções* (identificar e validar os sentimentos dos membros da equipe) e a *resposta adequada* (oferecer apoio e soluções que levem em conta as necessidades e preocupações dos outros).

Entender que cada colaborador é um indivíduo com necessidades, aspirações e desafios únicos é fundamental. Para isso, é preciso desenvolver a escuta ativa, um dos principais componentes da empatia. Recomendo que você a pratique em todas as interações. Dê atenção plena ao que o colaborador diz, sem interrupções, e mostre interesse genuíno por suas preocupações e ideias.

Pratique também o reconhecimento de emoções. Acolha e valide as emoções dos colaboradores. Por muito tempo, demonstrar emoções foi considerado errado no ambiente profissional, mas cada vez mais reconhecemos que essa visão deve permanecer no passado. Com empatia, reconheça as frustrações, as celebrações e os desafios de seus liderados no dia a dia.

Além disso, certifique-se de desenvolver a resposta adequada: a capacidade do líder de agir de maneira empática, fornecendo suporte prático e emocional após ouvir e compreender as preocupações do colaborador. Isso envolve responder com ponderação e sensibilidade, levando em conta os sentimentos e as necessidades individuais.

Por exemplo, ao identificar que um colaborador está sobrecarregado, a resposta adequada pode incluir a redistribuição de tarefas ou a oferta de recursos para ajudá-lo a gerenciar melhor o trabalho. Dessa forma, o líder não apenas reconhece as emoções dos outros, mas também demonstra um compromisso genuíno em ajudar e resolver questões, fortalecendo o vínculo de confiança e criando um ambiente de trabalho mais acolhedor e colaborativo.

A empatia pode e deve ter várias aplicações práticas, como em reuniões, ao demonstrar interesse genuíno pelas opiniões dos membros da equipe e incentivar sua participação; em sessões de feedback, ao oferecer avaliação construtiva de maneira sensível, considerando o impacto emocional sobre o receptor; e na resolução de conflitos, ao abordar impasses com uma abordagem compreensiva e colaborativa, buscando soluções que beneficiem todas as partes envolvidas.

Um exemplo recente da aplicação prática de empatia na arte foi demonstrado no filme *No ritmo do coração* (também conhecido como *CODA*), que ganhou três prêmios Oscar – incluindo o de Melhor Filme – em 2022, na 94ª edição de entrega do prêmio.[62]

Nele, há uma cena em que a protagonista canta no recital de final de ano da escola. Na plateia estão seus familiares, que são surdos – a garota é a única da família que escuta. Para que a emoção chegue ao espectador, quando ela canta nessa cena, o diretor retira o som e realça o momento sob a visão do pai, que percebe a comoção gerada pelo canto da filha com base na reação das pessoas.

Nessa atitude artística e empática do diretor, podemos ver, por exemplo, quanto nós realmente praticamos (ou não) a empatia, nos colocando no lugar do outro. Se ainda não tiver assistido ao filme, não leia o restante deste parágrafo (contém *spoiler*!). Se já tiver visto, sabe que na cena final a menina canta com sua voz e a linguagem de sinais ao mesmo tempo, demonstrando

---

[62] NO RITMO do coração. Direção: Siân Heder. EUA: Vendôme Pictures; Pathé Films, 2021. Vídeo (111 min). Disponível em: https://www.primevideo.com/-/pt/detail/No-Ritmo-do-Coração/0NGHQZ30LKKJU738BAQHVHHU4Y. Acesso em: 9 out. 2024.

que se preocupa com o entendimento dos ouvintes e dos surdos, ou seja, canta para todos. Uma prova verdadeira de empatia.

A era da competição *versus* a era da colaboração

Apesar da migração do conceito de recursos humanos para a gestão de pessoas, ainda está muito arraigada em nossos ambientes organizacionais certa cultura de competição entre os colaboradores. A boa notícia é que ela está com os dias contados.[63]

A transição da competição para a colaboração está intrinsecamente ligada à gestão de pessoas e, por extensão, à gestão de resultados. No passado, a competição interna era vista como um meio de estimular o desempenho individual e impulsionar os resultados. No entanto, essa abordagem costumava criar um ambiente de trabalho tóxico, onde os funcionários se sentiam isolados e desmotivados, e, em alguns casos, gerava até mesmo inimizades e rixas nas equipes.

Hoje, a colaboração é reconhecida como uma estratégia muito mais eficaz tanto para a gestão de pessoas quanto para a obtenção de resultados superiores, pois promove um ambiente de apoio mútuo, inovação e crescimento conjunto.

Quando relacionada à gestão de pessoas, a colaboração auxilia no desenvolvimento de talentos, visto que facilita a troca de conhecimentos e habilidades, permite que todos os membros da equipe cresçam juntos, bem como promove uma cultura organizacional de confiança, respeito e apoio, na qual os funcionários se sentem parte de algo maior.

Já relacionada à gestão de resultados, a colaboração promove a inovação, pois equipes colaborativas são mais propensas a desenvolver soluções criativas e inovadoras, e eficiência, melhorando a comunicação e a coordenação e, consequentemente, resultando em processos mais eficazes e com menos erros.

---

[63] WOOD JUNIOR, T.; TONELLI, M. J.; COOKE, B. **Para onde vai a gestão de pessoas?** Disponível em: https://eaesp.fgv.br/sites/eaesp.fgv.br/files/pesquisa-eaesp-files/arquivos/wood_-_para_onde_vai_a_gestao_de_pessoas.pdf. Acesso em: 9 out. 2024.

PARA UM LÍDER IMBATÍVEL, A GESTÃO DE PESSOAS VAI ALÉM DE ADMINISTRAR TAREFAS.

OS 4 PILARES DA LIDERANÇA IMBATÍVEL
@RENATO.TRISCIUZZI

Um líder imbatível pode aplicar a colaboração de pessoas em sua gestão para, por exemplo, criar equipes multifuncionais que trabalhem juntas em projetos comuns; implementar sistemas de recompensa que reconheçam e celebrem os esforços colaborativos; e desenvolver espaços de trabalho que incentivem a interação e a troca de ideias, como áreas comuns e salas de *brainstorming*.

Uma gestão de pessoas eficaz envolve cinco atributos:

1. *Recrutamento e seleção*: identificar e atrair talentos diversos que se alinhem com os valores e objetivos da organização e da equipe.
2. *Desenvolvimento e treinamento*: proporcionar oportunidades de crescimento contínuo e capacitação para que os funcionários possam evoluir em suas carreiras.
3. *Avaliação de desempenho*: implementar sistemas justos e transparentes de avaliação para reconhecer conquistas e identificar áreas de melhoria.
4. *Motivação e engajamento*: criar estratégias para manter os funcionários motivados e comprometidos com a missão da empresa.
5. *Bem-estar e qualidade de vida*: promover um ambiente de trabalho saudável e equilibrado, onde as necessidades físicas e emocionais dos funcionários são atendidas.

A propósito, pude aplicar e observar o poder da colaboração na prática como líder. Em uma das minhas experiências mais bem-sucedidas, implementei uma abordagem colaborativa cruzada para enfrentar desafios complexos em uma equipe desmotivada. Incentivei a troca de ideias e a cocriação de soluções entre equipes de projetos diferentes, promovendo um ambiente onde cada membro se sentia ouvido e valorizado.

Ao priorizar a colaboração entre equipes – e sem interferência de superiores –, observei um aumento significativo no engajamento da equipe e na inovação, à medida que os membros se sentiam mais motivados a contribuir com suas perspectivas únicas. Esse ambiente de apoio mútuo resultou não só em soluções mais criativas, mas também em um crescimento conjunto que ultrapassou as metas estabelecidas. Para mim, a colaboração é um pilar fundamental para alcançar resultados superiores e sustentar uma cultura organizacional que valoriza o crescimento coletivo e o sucesso compartilhado.

A satisfação de liderar pessoas

Como líder, ser movido pelo propósito vai além do desejo de ter poder, controle ou mesmo um salário mais alto. Trata-se de inspirar, capacitar e transformar vidas – no ambiente de trabalho ou em sua própria família.

Mesmo que você tenha sido promovido a um cargo de liderança sem ter buscado isso ou tenha almejado a cadeira de líder pelo retorno financeiro, não se esqueça de que agora você exerce um papel crucial na vida de diversas pessoas e de que elas dependem de seu desempenho. Então, procure seu propósito de liderar. Nesse sentido, realinhe seu propósito, se necessário, de modo que você possa liderar com paixão e deixar um legado duradouro nas organizações e no coração de seus liderados.

Caso ainda não tenha encontrado uma maneira de fazer isso no ambiente profissional, eu posso lhe dizer que seu papel como líder de seus filhos e/ou das pessoas próximas e familiares pode fortalecer suas habilidades de liderança no trabalho, afinal, somos o mesmo ser humano dentro e fora das empresas. Assim, devemos repetir comportamentos e padrões, tratando os liderados com o mesmo respeito e cuidado com que tratamos nossos filhos, amigos e familiares.

Você pode estar se perguntando qual é a relação entre o ambiente familiar e o empresarial, e eu lhe respondo: todo grupo social, principalmente o núcleo familiar, tem uma liderança. Essa pessoa é a referência e o norte daquele núcleo. Ela é responsável por cuidar, desenvolver e se preocupar com a evolução e o bem-estar de todos. Também é fonte de inspiração e garantidora do sucesso do grupo. Conseguiu observar as semelhanças?

Como você pode aplicar as lições aprendidas na liderança pessoal no ambiente de trabalho? Para ter clareza da resposta, da reflexão e do aprendizado a levar ao mundo empresarial, recomendo a atividade a seguir.

Exercício

Identifique três situações que tenham acontecido no ambiente doméstico em que você observou que seus conselhos, direções ou sugestões fizeram com que seu interlocutor (um filho, amigo ou familiar) tivesse êxito e evolução na vida. Depois, escreva como pode replicar essas orientações no trabalho, criando um plano para implementá-las.

_____

_____

_____

_____

_____

_____

_____

_____

_____

_____

_____

_____

_____

Liderar com propósito significa inspirar e capacitar os outros por meio de ações alinhadas com seus valores e suas paixões. Ao praticar esses comportamentos e refletir sobre suas experiências pessoais, você pode se tornar um líder imbatível que deixa um impacto positivo duradouro em todos ao seu redor. Seja a liderança com seus filhos ou com sua equipe, o propósito é o fio condutor que une e fortalece suas ações e decisões, criando um ambiente de respeito, crescimento e sucesso compartilhado.

Desenvolvendo a satisfação de liderar pessoas

Para um líder imbatível, a satisfação de liderar pessoas surge não apenas dos resultados alcançados, mas também da jornada de crescimento, desenvolvimento e realização que ele proporciona para sua equipe. A verdadeira satisfação de liderar vem de ver os membros da equipe prosperarem, alcançarem seus objetivos e contribuírem significativamente para o sucesso da organização.

A seguir, enumero cinco passos que um líder imbatível pode dar para desenvolver a satisfação de liderar pessoas.

Passo 1 – Desenvolva uma mentalidade de serviço

Liderança também é servir os outros. Um líder imbatível adota uma mentalidade de serviço, focando como ajudar sua equipe a crescer e se desenvolver.

- *Reflexão pessoal*: reflita sobre seu papel como líder e como você pode melhor servir sua equipe. Pergunte-se: "Como posso facilitar o crescimento e o sucesso de meus colaboradores?".
- *Atos de serviço*: execute ações concretas para apoiar sua equipe, como oferecer treinamento, remover obstáculos e fornecer os recursos necessários para que possam executar seu trabalho de maneira eficaz.

Passo 2 – Crie um ambiente de trabalho positivo, inclusivo e diverso

Um ambiente de trabalho positivo, inclusivo e diverso é essencial para a satisfação no trabalho, tanto para o líder quanto para a equipe. Quando os colaboradores se sentem valorizados e incluídos, ficam mais propensos a contribuir com entusiasmo para o trabalho diário.

- *Cultura de respeito e inclusão*: promova uma cultura de respeito mútuo, na qual todas as vozes sejam ouvidas e valorizadas.
- *Incentivo à diversidade*: apoie a diversidade de pensamento, experiência e background na equipe.

Passo 3 – Foque o crescimento e o desenvolvimento pessoal e profissional

A verdadeira satisfação de liderar vem de ver os outros crescerem e se desenvolverem. Um líder imbatível investe no desenvolvimento contínuo de sua equipe, proporcionando oportunidades de aprendizagem e crescimento. Ele provoca a curiosidade e a visão crítica em seus liderados.

- *Planos de desenvolvimento pessoal*: trabalhe com cada membro da equipe para criar planos de desenvolvimento pessoal que alinhem suas aspirações de carreira com os objetivos da organização.
- *Oportunidades de treinamento*: ofereça oportunidades de treinamento e desenvolvimento que ajudem os colaboradores a adquirirem novas habilidades e conhecimentos.

Passo 4 – Estabeleça uma comunicação aberta e transparente

Já discutimos bastante esse assunto no capítulo anterior, mas, como ele tem fundamental impacto na gestão de pessoas, não podemos deixar de falar dele aqui também. A comunicação aberta e transparente é a chave para construir confiança e engajamento. Um líder imbatível mantém uma linha de comunicação clara e objetiva com sua equipe, compartilhando informações e ouvindo ativamente.

- *Reuniões regulares*: realize reuniões regulares para discutir o progresso, os desafios e as oportunidades da corporação. Encoraje a participação ativa e o compartilhamento de ideias.
- *Feedback bidirecional*: estabeleça uma cultura de feedback bidirecional, em que tanto o líder quanto os membros da equipe se sintam à vontade para dar e receber sugestões de melhoria.

Passo 5 – Promova o reconhecimento e a valorização

Veremos esse assunto com mais detalhes no próximo capítulo, mas é importante mencioná-lo também aqui, na gestão de pessoas. O reconhecimento e a valorização são fundamentais para a motivação e a satisfação da equipe. Um líder imbatível reconhece os esforços e as conquistas de seus colaboradores, de maneira consistente e constante.

- *Programas de reconhecimento*: desenvolva programas de reconhecimento que celebrem tanto os pequenos quanto os grandes sucessos da equipe.
- *Agradecimento pessoal*: faça um esforço para agradecer pessoalmente aos membros da equipe pelo trabalho duro e pela dedicação.

Exercício

Responda às perguntas a seguir marcando um X nos campos "SIM" ou "NÃO".

QUESTÕES	SIM	NÃO
1. Você dedica tempo para mentorar os membros de sua equipe, ajudando-os a desenvolver novas habilidades e alcançar seus objetivos profissionais?		
2. Você está disponível para ouvir as preocupações de seus colaboradores e os ajuda a encontrar soluções para os desafios?		
3. Você implementa políticas que promovam a inclusão, como horários flexíveis, políticas de portas abertas, suporte a necessidades especiais e programas de diversidade?		
4. Você reconhece e celebra as conquistas de todos os membros da equipe, incentivando um sentimento de pertencimento e valorização?		
5. Você fornece feedback regular e avaliações de desempenho que ajudem os funcionários a entenderem suas áreas de força e oportunidades de melhoria?		
6. Você promove a rotação de funções na equipe para que os colaboradores possam adquirir experiência em diferentes áreas e desenvolver uma variedade de habilidades?		
7. Você organiza sessões de perguntas e respostas em que os colaboradores podem levantar suas preocupações e obter respostas diretamente dos líderes?		
8. Você é transparente sobre as decisões tomadas e os motivos por trás delas, garantindo que todos compreendam o contexto e as expectativas?		
9. Você oferece premiações e incentivos que reconheçam o desempenho excepcional e incentivem a continuidade dos esforços?		
10. Você se preocupa em criar uma cultura de apreciação de modo que os membros da equipe se sintam valorizados e reconhecidos por suas contribuições diárias?		
11. Você comemora vitórias, promoções e sucessos de seus liderados como se fossem seus e/ou de seus familiares?		
TOTAL		

Agora, some todos os "SIM" e "NÃO" assinalados e marque o total na última linha. Todas as perguntas em que você marcou "NÃO" são os pontos a serem trabalhados em busca da liderança imbatível.

As empresas são feitas de pessoas **143**

Busque o consenso, não a unanimidade

É muito comum que o profissional que se torna líder pense que, a partir do momento em que assumiu um posto de liderança, precisa chegar a uma unanimidade ao redor de si e das decisões a tomar. Não há nada mais enganoso que esse anseio, visto que é impossível agradar a todos. Por isso, quero que você reflita, leitor, sobre a importância do consenso, que nada mais é que a valorização de diferentes perspectivas para a tomada de decisões.

Buscar consenso significa encontrar soluções que todos possam apoiar, mesmo sem concordar plenamente com elas. Isso valoriza diferentes perspectivas e promove decisões mais equilibradas e eficazes. Tais decisões têm que ser tomadas de maneira inclusiva, envolvendo a equipe no processo, haja vista que isso promove o compromisso e a aceitação das soluções encontradas, fortalecendo o senso de pertencimento. Veja a seguir condições e fatores que favorecem um consenso.

- *Ambiente de diálogo aberto*: crie um ambiente onde todas as vozes sejam ouvidas e valorizadas. Incentive a participação e a expressão de diferentes pontos de vista, sem críticas e preconceitos.
- *Facilitação de discussões*: durante as discussões, atue como facilitador, ajudando a guiar a conversa produtivamente e garantindo que todos tenham a oportunidade de contribuir, para evitar o "monopólio" dos mais extrovertidos.
- *Consulta e feedback*: consulte a equipe antes de tomar decisões importantes e peça feedback sobre as opções consideradas.
- *Transparência no processo*: explique claramente o processo de tomada de decisão e como as contribuições da equipe foram levadas em consideração.
- *Sessões de* brainstorming: organize sessões em que a equipe possa explorar ideias sem julgamentos, buscando coletivamente soluções inovadoras.
- *Metodologias de tomada de decisão*: use metodologias como a matriz de decisão, por exemplo, para assegurar que as decisões sejam pautadas em um processo colaborativo. Na matriz de decisão, as opções são descritas nas linhas, e os fatores que você precisa considerar aparecem

nas colunas. Desse modo, você consegue visualizar mais facilmente as opções e o impacto de cada uma.

- *Reuniões de alinhamento*: faça reuniões de alinhamento em que as decisões sejam discutidas abertamente e o consenso seja buscado por meio do diálogo e da negociação.
- *Documentação e comunicação*: documente as decisões tomadas e comunique-as com clareza, destacando como o consenso foi alcançado.

Trabalhando o empoderamento e o senso de pertencimento do time

Para que um time atue como uma engrenagem, com todos os elementos funcionando de maneira autônoma porém integrada, é necessário, em primeiro lugar, saber delegar tarefas. Delegar autoridade é crucial para empoderar os colaboradores, dando-lhes a confiança e a autonomia necessárias para tomar decisões e agir de modo independente.

Muitos confundem "delegar" com "deixar que o liderado faça tudo sozinho", sem acompanhamento ou suporte. Acreditam que, assim, estão incentivando seus colaboradores a terem independência. Não há nada mais equivocado que isso, pois, como eu sempre digo, "delegar não é 'delargar'!".

Além de autoridade e autonomia, fomentar um senso de pertencimento faz com que os colaboradores se sintam parte integral da equipe e da organização, o que aumenta o engajamento e a satisfação no trabalho.

Delegação de autoridade

Assim, observe a seguir alguns critérios fundamentais para uma delegação de autoridade positiva e eficaz e para a criação de uma cultura de pertencimento que faça sentido não apenas para alguns, mas para todos, de maneira igualitária.

Definição de expectativas

- Defina claramente as expectativas e os resultados que devem ser obtidos ao delegar tarefas e responsabilidades. A entrega precisa ser objetiva, e cada um tem de saber o que deve ser feito no prazo combinado.

Autonomia com suporte

- Dê autonomia aos colaboradores, mas ofereça o suporte e os recursos necessários para que possam realizar suas tarefas com sucesso. Não os deixe sozinhos com dúvidas e receios.

Projetos de responsabilidade

- Atribua projetos específicos aos colaboradores, permitindo que eles assumam a liderança e tomem decisões importantes. Cada um precisa saber exatamente qual é sua atribuição e o que está sob seu controle.

Feedback regular

- Forneça feedback regular e construtivo, reconhecendo as conquistas e orientando as áreas de melhoria. Caso não haja feedback, é possível que o trabalho de dias, semanas ou meses acabe invalidado por falta de ajustes necessários ao longo do processo.

Inclusão e diversidade

- Promova a inclusão e a diversidade na equipe, garantindo que todos se sintam respeitados e valorizados. Ainda que, às vezes, você não concorde com determinada característica de uma pessoa, dê a ela a liberdade que você também quer ter. Isso é ser empático e respeitoso, virtudes fundamentais de um líder imbatível.

Construção de relações

- Incentive atividades de *team building*, como *escape room*, círculo de confiança, cozinhar em grupo, entre outras, e eventos sociais que ajudem a construir relacionamentos fortes e coesos entre os membros da equipe. Manter relações saudáveis também contribui para o estabelecimento de confiança entre os colaboradores.

Reconhecimento e valorização

- Reconheça de modo público as contribuições dos colaboradores e celebre os sucessos da equipe. Em certas empresas, há uma cultura, às vezes não explícita, de "caça às bruxas", de deixar claros somente os erros dos profissionais, mas, aqui, o objetivo é oposto: celebrar acertos e contribuições valiosas, por menores que sejam.

Comunicação aberta
- Mantenha uma comunicação aberta e honesta sobre os objetivos, valores e progressos da organização, envolvendo a equipe em todas as etapas. Isso fortalece o comprometimento e a cumplicidade.

Você mais perto da liderança imbatível

Espero que o pilar Pessoas tenha trazido a você insights transformadores sobre a importância do colaborador na empresa. Liderar de maneira imbatível significa lidar com o ser humano como um colaborador valioso, buscar o consenso em vez da unanimidade e empoderar a equipe, promovendo um forte senso de pertencimento. Ao adotar esses comportamentos, você não apenas eleva a própria eficácia como líder, mas também cria um ambiente onde a equipe pode prosperar, inovar e alcançar resultados extraordinários.

Liderar com foco nas pessoas significa entender que elas são o recurso mais estratégico de qualquer organização. Aplicando o pilar Pessoas do método Liderança Imbatível, você pode formar times fortes e desenvolver líderes nas equipes, promovendo um ambiente de colaboração, empatia e desenvolvimento contínuo. Essa abordagem não só melhora a gestão de pessoas, como também eleva a gestão de resultados, criando uma organização resiliente, inovadora e bem-sucedida.

Desenvolver a satisfação de liderar pessoas requer um compromisso contínuo com o crescimento, o desenvolvimento e o bem-estar da equipe. Ao adotar uma mentalidade de serviço, criar um ambiente de trabalho positivo e inclusivo, focar o crescimento pessoal e profissional do liderado, estabelecer uma comunicação aberta e promover o reconhecimento, um líder imbatível pode transformar a experiência de liderar em uma fonte constante de satisfação e realização.

Lembre-se: *a liderança é uma jornada, não um destino*. Cada passo que você dá para apoiar e inspirar sua equipe não só eleva seu próprio desempenho, mas também cria um impacto duradouro e positivo na vida daqueles ao seu redor. Isso não tem salário que pague!

No próximo capítulo, vamos explorar como transformar esse cuidado com as pessoas em resultados excepcionais, superando expectativas e alcançando novos patamares de excelência. Afinal, a liderança imbatível só se consolida quando une propósito, pessoas e performance. Vamos juntos?

METAS SERVEM COMO PONTOS DE REFERÊNCIA PARA MEDIR O PROGRESSO, O DESEMPENHO E O SUCESSO.

OS 4 PILARES DA LIDERANÇA IMBATÍVEL
@RENATO.TRISCIUZZI

09

SUPERANDO RESULTADOS

"Líderes não cuidam de resultados. Líderes cuidam de pessoas, e pessoas geram resultados."

Simon Sinek[64]

á falamos dos três vértices do diamante do método Liderança Imbatível que potencializam o desempenho do líder diante das equipes. Agora, para finalizar sua caminhada rumo à liderança imbatível, quero apresentar o quarto vértice, aquele que assegura que suas atitudes e seus comportamentos estão dando frutos: Resultado. A importância dele é enorme, pois serve como o norte externo para concretizar e tangibilizar o propósito e a visão da equipe e da empresa.

Para a liderança imbatível, o resultado não é apenas o fim de um processo, mas a concretização do propósito e da visão do líder, da equipe e da organização. Resultados são as realizações tangíveis que provam o impacto das estratégias e dos esforços aplicados. Eles podem ser medidos em números, como valores monetários, unidades vendidas, *market share*, ou em conquistas de objetivos, como posicionamento de mercado, nível de satisfação do cliente ou determinado crescimento organizacional.

Embora o líder seja o responsável por conduzir a equipe para chegar a esses resultados e, portanto, também o porta-voz no anúncio dos números e das conquistas de todo o time, atingir os objetivos depende de cada elemento que faz parte da empresa. *Seu sucesso como líder vem do sucesso de seu time. Nunca se esqueça disso!*

Neste capítulo, exploraremos como focar o resultado individualizado dos membros da equipe, alinhar as metas *top-down* com as sugeridas pelo time,

---

[64] SINEK, S. Líderes... **Discover**. Disponível em: https://www.wdiscover.com.br/frase-simon-sinek-tres. Acesso em: 9 out. 2024.

delegar atividades, praticar o feedback constante e reconhecer os esforços e resultados de maneira personalizada.

No método Liderança Imbatível, o pilar Resultado é crucial para transformar propósito e visão em realizações tangíveis. Para isso, a fórmula do líder imbatível é clara:

$$DESAFIAR + DELEGAR + RECONHECER = SUCESSO$$

Antes de vermos como desafiar a equipe para obter melhores resultados; como delegar as tarefas para que todos as realizem de maneira plena, autônoma e independente; e como reconhecer os esforços de cada membro do time, precisamos conceituar as metas adequadamente.

O que são metas

Metas são objetivos específicos e mensuráveis que guiam as ações de indivíduos e equipes em uma organização. Elas servem como pontos de referência para medir o progresso, o desempenho e o sucesso, tanto de cada colaborador da empresa quanto coletivamente.

As metas oferecem direção, foco e motivação aos esforços dos membros do time, ajudando todos a entenderem o que se espera deles e a trabalharem em direção aos objetivos. É ter clareza do que fazer de modo individual, mas trabalhando em conjunto como um time em busca de um alvo em comum.

Existem diversas metodologias que ajudam o líder a formular essas metas; as mais utilizadas são SMART, HARD, CLEAR, OKR e WOOP, descritas brevemente a seguir. Com essas informações em mãos, sugiro que você escolha a que melhor se adeque aos seus propósitos, estude seu funcionamento e compartilhe esse mecanismo com seu time.

Método SMART

O nome do método vem do acrônimo em inglês formado pelos termos *specific* (específico), *measurable* (mensurável), *achievable* (alcançável), *realistic* (realista) e *time-bound* (limite de tempo). Como resultado, é criado um trocadilho com o adjetivo *smart* (esperto/inteligente em inglês). Desse modo, as metas a serem alcançadas precisam ser:

- *Específicas*: é preciso que cada colaborador saiba exatamente o que se espera dele – um volume "x" de vendas, determinada posição no mercado, algum certificado a ser obtido etc. – e como conseguir.
- *Mensuráveis*: as metas devem ser definidas por meio de algum indicador. Pode ser um indicador financeiro (milhões de reais), o alcance de determinado *market share* ou a obtenção de algum certificado concedido por uma instituição específica etc.
- *Alcançáveis*: quando as metas forem pensadas, precisam ser atingíveis. Não pode ser um exercício de imaginação: elas têm de estar pautadas no histórico da empresa e em condições que reflitam a realidade.
- *Realistas*: se, por exemplo, uma empresa fechou determinado ano vendendo 100 mil exemplares de determinado produto, não é realista estipular como meta para o ano seguinte a venda de 500 mil exemplares desse mesmo produto. Metas não realistas, em vez de motivar os colaboradores, têm efeito contrário, pois, de saída, eles já têm noção de que não é possível atingi-las no prazo estipulado.
- *Limitadas por tempo*: ou seja, deve haver um prazo específico para o alcance da meta – será dentro de um mês, um trimestre, um semestre ou um ano? Esse é o intervalo de tempo que deve ser levado em consideração para se chegar a determinado objetivo.

Estabelecidos os parâmetros SMART, é o momento de cada um correr atrás de sua atribuição para que as metas se cumpram da melhor forma.

Método HARD

Assim como o método SMART, as metas HARD também se baseiam em um acrônimo em inglês, formado pelas palavras *heartfelt* (sincero), *animated* (animado), *required* (obrigatório) e *difficult* (difícil). Desse modo, as metas a serem alcançadas precisam ser:

- *Sinceras*: as metas precisam ter algum significado relacionado ao propósito, a algo que faça sentido para cada integrante da equipe e para o time como um todo. Elas devem integrar um objetivo maior, condizente como a missão e os valores da empresa e de seus colaboradores.

- *Animadas*: metas devem ser inspiradoras, motivadoras para o time. É preciso alcançar algum objetivo que, além de fazer sentido, insufle ânimo e entusiasmo em toda a equipe, levando-a a batalhar ativa e animadamente.
- *Obrigatórias*: é imprescindível que as metas gerem um senso de comprometimento entre todos. Cada colaborador deve se sentir responsável pelo alcance das metas, compreendendo que faz parte do todo e precisa ser bem-sucedido.
- *Difíceis*: a ideia é que as metas não podem ser objetivos triviais, caso contrário, perdem seu caráter motivador. Elas precisam tirar a equipe da zona de conforto, ser algo que será amplamente comemorado quando for atingido.

Método CLEAR

Como você já deve ter visto, muitas das metodologias de definição de metas são acrônimos. O método CLEAR não é diferente. O nome é formado pelas iniciais dos seguintes atributos: *challenging* (desafiador), *legal* (legal, no sentido jurídico do termo), *environmentally sound* (seguro para o meio ambiente), *appropriate* (adequado) e *recorded* (documentado). Vejamos com um pouco mais de detalhamento como são definidas as metas no método CLEAR (que significa claro/límpido em inglês).

- *Desafiadoras*: metas que agreguem valor para a empresa, que sejam encaradas como um desafio positivo e estimulante.
- *Legais*: as metas precisam respeitar o conjunto de regras jurídicas do ambiente em que a empresa está inserida.
- *Seguras para o meio ambiente*: qualquer meta estabelecida para a corporação precisa ser sustentável, ou seja, inofensiva para a natureza.
- *Adequadas*: é preciso que haja consistência nas metas para que sejam válidas e igualitárias.
- *Documentadas*: as metas precisam estar devidamente documentadas para permitir sua otimização e evolução, seja via novas tecnologias, seja via práticas atualizadas do mercado.

Método OKR

OKR é a sigla formada pela expressão em inglês *"Objectives and Key Results"* (objetivos e resultados-chave). Como o próprio nome diz, trata-se de uma metodologia de estipulação de metas com base na definição de determinados objetivos.

Criada por Andrew Grove, executivo fundador da Intel, e muito focada em alinhamento estratégico e gestão de performance, é bastante adotada pelas empresas no Vale do Silício, o berço da inovação mundial. Se sua empresa busca se destacar na inovação, essa metodologia vale um estudo e uma possível implantação.

Método WOOP

WOOP também é uma sigla, formada pelas iniciais dos termos *wish* (desejo), *outcome* (resultado), *obstacle* (obstáculo) e *plan* (plano). Esse método é mais utilizado em nível individual e de maneira bastante simplista. Suas etapas englobam o mapeamento do desejo que se busca atingir; do resultado que será obtido ao conquistar o desejo; dos obstáculos que o impedem de realizá-lo; e, por fim, do plano para chegar até ele.

Por ser de fácil aplicabilidade, pode ser utilizado em vários âmbitos, desde objetivos mais triviais, como aprender um novo idioma, economizar determinada quantia por certo período ou perder peso, até objetivos mais complexos, como treinar uma equipe e propagar determinada cultura organizacional.

Como você deve ter percebido, as metas devem ser claras, específicas e facilmente mensuráveis; todos precisam entendê-las para que o esforço seja direcionado ao destino certo. A fim de que elas tenham essas características, existem várias formas de defini-las, a depender do contexto e dos objetivos organizacionais.

No quadro a seguir estão descritos alguns exemplos de metas mais comuns nas empresas. Elas não são as únicas, mas sim as mais correntes, mais utilizadas e, claro, devem ser adaptadas dependendo do contexto – se são metas que se destinam à definição de resultados mais quantitativos ou qualitativos, em áreas corporativas como inovação, ESG, RSC, satisfação de clientes, gestão do conhecimento etc.

Tipos de metas	Exemplos
Valores monetários	Aumentar a receita anual em 10 milhões de reais nos próximos 12 meses.
	Reduzir 500 mil reais em custos operacionais até o final do trimestre.
Unidades vendidas	Vender 1.000 unidades do produto "x" nos primeiros três meses após o lançamento.
	Aumentar as vendas mensais em 500 unidades adicionais.
Market share	Aumentar a participação no mercado de 10% para 15% no período de um ano.
	Tornar-se líder de mercado no segmento de tecnologia educacional em dois anos.
Posicionamento de mercado	Ser reconhecida como a marca mais inovadora no setor dentro de cinco anos.
	Alcançar o top 3 em avaliações de satisfação do cliente no mercado de serviços financeiros.
Índices percentuais	Aumentar as vendas mensais em 10% nos próximos seis meses.
	Reduzir os custos de produção em 5% no próximo trimestre.
	Melhorar a satisfação do cliente em 15%, com base nas pesquisas de feedback trimestrais.

Metas individuais *versus* metas da empresa

É importante *relacionar* as metas individuas com as metas do time ou da área e, consequentemente, alinhá-las com as metas de planejamento estratégico de curto e de longo prazo da empresa. É muito, mas muito importante demonstrar para cada membro do time como sua meta afeta os objetivos gerais da organização e como eles são afetados por ela.

Assim, digamos que se estabeleça como meta individual de um colaborador que ele se desenvolva profissionalmente, completando um curso de liderança avançada nos próximos seis meses, tendo como objetivo de desempenho atingir 95% das metas de vendas pessoais no próximo trimestre. Esses dados precisam estar alinhados com a meta do time e da empresa.

LIDERAR COM PROPÓSITO SIGNIFICA INSPIRAR E CAPACITAR OS OUTROS POR MEIO DE AÇÕES ALINHADAS COM SEUS VALORES E SUAS PAIXÕES.

OS 4 PILARES DA LIDERANÇA IMBATÍVEL
@RENATO.TRISCIUZZI

No caso descrito, poderíamos ter como metas da empresa ou do time alcançar um crescimento de mercado de modo a expandir para três novos mercados regionais no próximo ano e, com isso, aumentar a receita anual em 10% no próximo período. Outra meta poderia ser lançar dois novos produtos inovadores no próximo semestre.

A correlação que podemos estabelecer é que o desenvolvimento de habilidades de liderança avançada em colaboradores individuais capacita-os a assumirem funções mais estratégicas e a liderarem iniciativas de expansão, apoiando a meta da empresa de "expandir para três novos mercados regionais no próximo ano".

O alcance das metas individuais de vendas contribui diretamente para o desempenho coletivo da equipe e para o crescimento da receita, que é crucial para a meta da empresa de "aumentar a receita anual em 10% no próximo período".

Ao capacitar a equipe, a organização se prepara para inovar e melhorar processos, o que contribui para a meta de "lançar dois novos produtos inovadores no próximo semestre".

O desempenho coletivo em vendas assegura que a empresa alcance seus objetivos de *market share*, alinhando-se com a meta de aumentar a participação no mercado de 10% para 15% dentro de um ano.

Ou seja, todos os impactos causados no desenvolvimento dos colaboradores em âmbito individual acabam tangenciando positivamente a estratégia de crescimento da empresa, fazendo com que os objetivos coletivos também sejam alcançados.

Uma forma de gerenciar o alcance dessas metas, tanto em nível individual quanto coletivo, é por meio do método Cascata ou Waterfall. Ele utiliza fases sequenciais que permitem a visualização do cascateamento de metas e números em seus diversos níveis organizacionais, saindo da meta macro da organização até chegar ao nível mais operacional.

É importante fazer a "prova dos nove" ou o *double check* ao somar as metas individuais e verificar se as metas de todas as pessoas do time garantem que se chegará ao objetivo da equipe ou da área e, consequentemente, ao da organização. Não é incomum nas empresas vermos várias pessoas ou áreas atingindo 100% das metas e a organização não atingindo suas metas gerais por um mero erro de cálculo ou cascateamento.

Atrás das metas no dia a dia

Pode parecer que o ato de estabelecer metas por si só já seja um fator que fará a equipe contribuir com todo o seu engajamento e autonomia, mas isso não é verdade. O gerenciamento dos times em direção ao alcance das metas demanda o exercício de todas as habilidades do líder, principalmente daquele que deseja se tornar um líder imbatível.

Para começar, é fundamental saber delegar atividades para agilizar e empoderar as ações e tomadas de decisão. Uma equipe produtiva e eficaz sabe agir por conta própria, conhece sua rotina de trabalho e tem a figura do líder como orientador e suporte para os momentos de dúvida ou crise.

Por isso, também é essencial que o líder saiba ouvir seus liderados. Saber ouvir vem da necessidade de rápida adaptação e correção dos rumos, das operações decorrentes de mudanças no mercado ou das necessidades dos clientes, por exemplo.

Ainda, há o fator geracional como obstáculo à consecução dos objetivos. Como já comentei em capítulos anteriores, hoje, as novas gerações não se comprometem a entregar resultados extraordinários se não entendem o impacto que suas ações trarão à sociedade e ao meio ambiente. Então, você não obterá sucesso nem será um líder imbatível se não se adaptar e começar a praticar o convencimento nas definições de tarefas e metas.

Parte do trabalho de convencimento é explicar que toda função tem sua importância dentro do ambiente organizacional. Um avião não voa se não tiver alguém que, no processo de montagem das peças, prenda o parafuso em seu devido lugar. É o conjunto das ações de cada membro da equipe que faz a aeronave voar.

A busca por resultados também demanda foco. A priorização das metas deve ser debatida com o time, porque, sem comprometimento, as metas globais não são atingidas. Entretanto, pode haver alguns impasses em que o líder terá de tomar a decisão final, e é normal que isso aconteça eventualmente. De qualquer forma, essa decisão deve ser comunicada para que o time a entenda e também "compre" a ideia.

Esse clima de cumplicidade e engajamento coletivo que precisa ser construído na empresa elimina espaço para rixas, disputa de egos e confrontos infantis. A gestão por competição só funciona a curto prazo. Se o líder só estabelece metas individuais para os liderados, sem metas de grupo para todos, acaba por acirrar a disputa e aumentar o individualismo entre os colaboradores, fazendo o time perder a capacidade de cooperação e de criação do sentimento de unidade, de "um por todos e todos por um".

Um exemplo equivocado e que muitas organizações ainda praticam é fazer competição de vendas e premiar somente o primeiro ou os três primeiros colocados da disputa. Isso gera desânimo nos que necessitam de aprimoramento e naqueles em início de carreira. O melhor caminho é mesclar o desempenho individual e o desempenho coletivo. Para aumentar o companheirismo, a cooperação e a visão holística da área e da organização, é preciso que se pense mais no meio onde cada membro do time se encontra.

Lembro também a importância do feedback contínuo para a manutenção de um clima saudável entre líderes e liderados. Entretanto, o mais importante é o conceito do *feedforward*, que aprendi com Marshall Goldsmith.[65] Nesse caso, o fundamental é olhar para o futuro e para as mudanças que podem e devem ser feitas a respeito do desempenho e das atitudes do liderado.

O *feedforward* é uma abordagem que Marshall Goldsmith desenvolveu como uma alternativa ao feedback tradicional. Enquanto este se concentra no passado, nas atividades já desenvolvidas, e muitas vezes é associado a julgamento, o *feedforward* tem como foco o futuro, buscando fornecer sugestões construtivas para melhorias.

O reconhecimento individual é a grande mudança que deve existir nas organizações. Não sei se por falta de visão ou pela facilidade de implementação, as organizações tendem a "pasteurizar" as recompensas, uniformizando-as para todos. Isso é um erro tremendo, afinal somos todos diferentes e temos necessidades específicas e individualizadas.

A recompensa tentadora é aquela que fará o liderado sair da zona de conforto, a que lhe trará o benefício esperado. Em vários casos, ela pode ser mais barata e de mais fácil acesso do que as usualmente oferecidas. Por

---

[65] GOLDSMITH, M. The notion of feedforward. **Marshall Goldsmith**. Disponível em: https://marshallgoldsmith.com/articles/the-notion-of-feedforward/. Acesso em: 2 dez. 2024.

exemplo, em vez de ofertar um telefone celular de última geração – que muitas vezes as pessoas já têm –, pode valer mais a pena oferecer ingressos para peças de teatro ou um passeio de lancha ou, ainda, um dia de folga, que será mais barato e em linha com as aspirações daquele liderado. Esse campo é fértil de ideias, mas requer interação entre o líder e seus liderados, vontade de corresponder dos líderes e ação para além das tarefas de linha por ele desempenhadas.

Saindo da zona de conforto

Desafiar a si mesmo e a seus liderados com projetos maiores é essencial para o crescimento contínuo da equipe e a inovação na empresa. Um líder imbatível busca constantemente oportunidades para sair da zona de conforto e incentiva a equipe a fazer o mesmo.

É imprescindível não cair na armadilha de querer ser o chefe bonzinho, que dá metas fáceis de atingir para ser visto com um líder legal, porque, a longo prazo, há uma probabilidade enorme de você ser visto como um líder "frouxo" ou que não é capaz de motivar o time.

Por isso, observe a seguir algumas recomendações para fugir da armadilha de ser o líder bonzinho, que não estimula a equipe nem a encoraja a sair da zona de conforto.

Estabeleça metas ambiciosas

Defina metas que superem o que é considerado confortável ou fácil. Elas devem ser desafiadoras, mas alcançáveis com esforço e dedicação.

- *Metas estimulantes*: crie metas que exijam novas habilidades, maior colaboração e pensamento criativo.
- *Projetos de alto impacto*: identifique projetos que têm um grande potencial de impacto na organização ou no mercado.
- *Revisões de metas*: realize sessões de revisão de metas com a equipe para discutir novos objetivos ambiciosos e planejar como alcançá-los.
- *Desenvolvimento de plano de ação*: desenvolva planos de ação detalhados para cada projeto, destacando as etapas necessárias, os recursos e os marcos a serem atingidos.

Incentive a tomada de riscos calculados

Fomentar uma cultura em que se arriscar, ainda que calculadamente, é valorizado e apoiado pode levar a grandes avanços.

- *Ambiente de apoio*: crie um ambiente onde os erros sejam vistos como oportunidades de aprendizado.
- *Reconhecimento de iniciativas*: reconheça e recompense iniciativas que demonstrem pensamento inovador e ousado.
- *Workshops de inovação*: organize workshops em que a equipe possa explorar novas ideias e soluções, sem medo de falhar.
- *Programas de intraempreendedorismo*: implemente programas que incentivem os colaboradores a desenvolverem projetos internos inovadores.

Como incorporar a tecnologia para ampliar resultados

A tecnologia é uma ferramenta poderosa que pode amplificar os resultados quando utilizada estrategicamente. Incorporar a tecnologia de maneira adequada pode otimizar processos, melhorar a comunicação e aumentar a produtividade, ainda mais no mundo de hoje, em que estamos utilizando soluções com base em inteligência artificial para agilizar nossas tarefas e a obtenção de resultados.

Embora você possa não acreditar, a tecnologia não envolve muita complicação técnica no dia a dia. Use e abuse das soluções disponíveis e, se você for um obstinado por inovação e melhoria, pode até se aventurar pelas programações mais complexas, feitas por você ou por algum membro de sua equipe. Também é possível negociar com a área de tecnologia da empresa. Existem soluções muito baratas que automatizam várias tarefas, seja por robôs de repetição (automação robótica de processos – RPA) ou assistentes criados em programas como ChatGPT, Gemini ou similares.

A seguir você encontra algumas dicas para incorporar tecnologia em seu cotidiano.

Adote ferramentas de gestão de projetos e colaboração

Utilize ferramentas de gestão de projetos para melhorar a organização, a visibilidade e a comunicação na equipe.

UM LÍDER IMBATÍVEL BUSCA CONSTANTEMENTE OPORTUNIDADES PARA SAIR DA ZONA DE CONFORTO E INCENTIVA A EQUIPE A FAZER O MESMO.

OS 4 PILARES DA LIDERANÇA IMBATÍVEL
@RENATO.TRISCIUZZI

- *Seleção de ferramentas*: escolha ferramentas que se alinhem com as necessidades específicas da equipe e dos projetos.
- *Treinamento*: proporcione treinamento adequado para garantir que todos saibam como utilizar as ferramentas de maneira eficaz. Não adianta ter e não saber usar.
- *Uso de softwares*: integre softwares de gestão, como Asana, Trello ou Monday.com, para acompanhar o progresso dos projetos e facilitar a colaboração na equipe.
- *Comunicação eficiente*: utilize plataformas de comunicação, como Slack ou Microsoft Teams, para manter todos informados e conectados.

Invista em análise de dados e automação

A análise de dados pode fornecer insights valiosos para a tomada de decisões, enquanto a automação pode aumentar a eficiência operacional.

- *Coleta de dados*: estabeleça sistemas para coletar e analisar dados relevantes para o desempenho da equipe e da empresa.
- *Automatização de tarefas*: identifique tarefas repetitivas que podem ser automatizadas para liberar tempo e recursos.
- *Ferramentas de análise*: utilize ferramentas como Google Analytics, Tableau ou Power BI para monitorar o desempenho e identificar oportunidades de melhoria.
- *Processos automatizados*: implemente soluções de automação para tarefas administrativas, marketing digital e atendimento ao cliente.

Visão de longo prazo e aumento de resultados em progressão geométrica

Transferir à equipe uma visão de longo prazo é crucial para garantir que todos estejam alinhados e motivados para alcançar objetivos ambiciosos. Resultados em progressão geométrica são alcançados com abordagem estratégica e visão clara, transmitida de maneira simples e direta.

Por isso, defina uma visão inspiradora e a compartilhe com todos. Uma visão clara e inspiradora motiva a equipe e orienta suas ações em direção a objetivos de longo prazo. Desenvolva essa visão de modo a refletir as aspirações da organização e inspirar os membros da equipe.

Comunique a visão regularmente para garantir que todos estejam alinhados e motivados. Para isso, utilize-se de narrativas inspiradoras, com histórias e exemplos para ilustrar como a visão pode ser alcançada e o impacto que terá. Estabeleça objetivos de longo prazo que sirvam como marcos na jornada para alcançar a visão.

Planeje e execute ações com foco em crescimento exponencial, o que requer inovação, eficiência e compromisso com a excelência. Por isso, desenvolva e implemente estratégias que possam gerar crescimento exponencial, como a expansão para novos mercados ou a inovação de produtos. Monitore o progresso e ajuste as estratégias conforme necessário para manter o crescimento. Faça análises de mercado para identificar oportunidades de crescimento. Incentive a inovação contínua e a melhoria de processos para sustentar o crescimento a longo prazo.

Talvez um dos pontos mais importantes a serem postos em prática pelo líder imbatível que busca o crescimento exponencial é a sigla KPI. Você deve estar pensando que se trata dos Key Performance Indicators, ou seja, os indicadores-chave de performance. Sim, eles também são essenciais porque são a métrica para apurar a entrega de valor para o negócio. No entanto, refiro-me aos quatro KPIs a seguir, que representam os valores da liderança imbatível.

- KPI 1 = *Keep people interested* (mantenha as pessoas interessadas);
- KPI 2 = *Keep people informed* (mantenha as pessoas informadas);
- KPI 3 = *Keep people involved* (mantenha as pessoas envolvidas);
- KPI 4 = *Keep people inspired* (mantenha as pessoas inspiradas).

Assim, hoje, para ter uma equipe imbatível e vencedora, o fundamental é que ela siga *interessada*, *informada*, *envolvida* e verdadeiramente *inspirada*! E o líder imbatível só consegue isso levando seus liderados ao mais alto comprometimento, desenvolvendo e aprimorando seus propósitos.

Auditoria ou verificabilidade das metas no dia a dia

A auditoria das metas é parte essencial no processo de apuração e de construção de confiança entre o líder, os liderados e a empresa, pois garante que os objetivos sejam cumpridos com transparência e rastreabilidade. A seguir, veja algumas práticas para garantir que a auditoria seja feita de maneira eficaz.

Definição clara e documentação

- Documentar todas as metas de modo claro e detalhado.
- Estabelecer critérios específicos para medir o progresso e o sucesso de cada meta.
- Utilizar ferramentas de gerenciamento de projetos e software de CRM para registrar e acompanhar o progresso das metas.

Revisões regulares e fornecimento de feedback

- Realizar reuniões regulares de revisão de metas com a equipe para avaliar o progresso.
- Fornecer feedback contínuo e ajustar metas conforme necessário.
- Implementar ciclos trimestrais ou mensais de feedback, nos quais as metas sejam revisadas e discutidas.
- Utilizar *dashboards* e relatórios de desempenho para monitorar o progresso em tempo real.

Transparência e comunicação

- Manter uma comunicação aberta sobre o status das metas com toda a equipe.
- Celebrar marcos e conquistas importantes ao longo do caminho.
- Compartilhar relatórios de progresso durante reuniões de equipe e por meio de comunicação interna.
- Utilizar ferramentas de colaboração, como intranet e aplicativos de mensagens, para manter todos informados.

O pilar Resultado no método Liderança Imbatível é fundamental para transformar a visão e o propósito do líder, da equipe e da organização em realizações concretas. Ao definir metas claras, específicas e mensuráveis, alinhar as metas *top-down* com as sugeridas pela equipe, delegar responsabilidades e praticar feedback e reconhecimento contínuos, um líder imbatível pode guiar sua equipe para o sucesso e alcançar resultados extraordinários.

PARA UM LÍDER IMBATÍVEL, A EMPATIA É UMA COMPETÊNCIA ESSENCIAL QUE PERMITE CONSTRUIR CONEXÕES AUTÊNTICAS E PROFUNDAS COM A EQUIPE.

OS 4 PILARES DA LIDERANÇA IMBATÍVEL
@RENATO.TRISCIUZZI

Lembre-se: metas bem-definidas e auditáveis são o caminho para resultados tangíveis e a prova do impacto da liderança imbatível.

Exercício

Neste exercício, você será guiado por etapas práticas para entender, avaliar e aplicar o pilar Resultado, garantindo que o sucesso do líder seja alcançado pelo sucesso de seu time.

Aqui é fundamental relembrar a fórmula do líder imbatível para o alcance das metas:

DESAFIAR + DELEGAR + RECONHECER = SUCESSO

Parte 1: Autoavaliação

Antes de começar a aplicar a fórmula, é importante entender em que fase você está no processo de liderança e gestão de resultados. Responda às perguntas a seguir de maneira honesta.

1. *Desafiar*

   Você estabelece metas desafiadoras para si mesmo e para sua equipe?

   ☐ Sim   ☐ Não

   Como você identifica oportunidades para projetos maiores e mais impactantes?

   _____

   _____

   _____

   _____

   _____

   _____

   _____

   _____

   _____

Cite um exemplo recente em que você desafiou sua equipe a alcançar um objetivo ambicioso.

2. *Delegar*

Você delega responsabilidades de maneira eficaz?

☐ Sim   ☐ Não

Como você decide quais tarefas delegar e para quem?

Dê um exemplo de uma tarefa ou projeto importante que você delegou recentemente.

3. *Reconhecer*

Você reconhece regularmente os esforços e as conquistas de sua equipe?

☐ Sim ☐ Não

Quais métodos você utiliza para reconhecer e celebrar os sucessos da equipe?

_____

_____

_____

_____

_____

_____

_____

_____

_____

_____

Descreva uma situação em que seu reconhecimento motivou a equipe a alcançar melhores resultados.

_____

_____

_____

_____

_____

_____

_____

_____

_____

_____

_____

_____

_____

Parte 2: Planejamento e implementação

Agora que você se autoavaliou, é hora de planejar e implementar ações com base na fórmula DESAFIAR + DELEGAR + RECONHECER = SUCESSO.

Etapa 1: Desafiar

1. *Estabelecimento de metas desafiadoras*

   Defina uma meta ambiciosa para o próximo trimestre, que se alinhe com os objetivos estratégicos da empresa.

   _____

   _____

   _____

   _____

   _____

   _____

   _____

   Especifique a meta de maneira clara e mensurável. Exemplos: meta individual: "Aumentar as vendas pessoais em 15% nos próximos três meses"; meta de time: "Atingir um aumento de 20% na receita do departamento no próximo trimestre".

   _____

   _____

   _____

   _____

   _____

   _____

   _____

2. *Comunicação da meta*

Descreva como você comunicará essa meta para sua equipe, explicando sua importância e como ela contribui para o sucesso da organização.

_____

_____

_____

_____

_____

_____

_____

_____

_____

_____

_____

Descreva como você encorajará a equipe a contribuir com ideias de como alcançar a meta.

_____

_____

_____

_____

_____

_____

_____

_____

_____

_____

_____

Etapa 2: Delegar

1. *Identificação de tarefas e responsabilidades*
   a. Liste as tarefas necessárias para alcançar a meta estabelecida.
   b. Decida quais tarefas você pode delegar e identifique os melhores membros da equipe para cada uma delas.

   Quais tarefas serão delegadas? Para quem? Descreva a seguir.

2. *Delegação eficaz*
   a. Delegue as tarefas, explicando claramente expectativas, entregáveis, prazos e recursos disponíveis.
   b. Ofereça apoio e recursos, mas permita autonomia para que os membros da equipe tomem decisões e executem as tarefas.

   Quais recursos serão oferecidos? Para quem? Na execução de quais tarefas? Descreva a seguir.

Etapa 3: Reconhecer

1. *Monitoramento e feedback contínuo*
   a. Acompanhe o progresso das tarefas e forneça feedback regular.
   b. Utilize reuniões de check-in para discutir o andamento e resolver quaisquer obstáculos.

2. *Reconhecimento e celebração*
   a. Reconheça publicamente os esforços e as conquistas da equipe, em âmbito individual e coletivo.
   b. Planeje uma celebração ou recompensa para quando a meta for alcançada.

Parte 3: Reflexão e aprendizado

Depois de implementar as ações, reserve um tempo para refletir sobre o processo e aprender com a experiência.

1. O que funcionou bem? Identifique as estratégias eficazes e as áreas em que a equipe teve sucesso.
2. O que pode ser melhorado? Analise os desafios encontrados e pense em maneiras de aperfeiçoar o processo de desafio, delegação e reconhecimento no futuro.
3. Feedback da equipe
   a. Solicite feedback da equipe sobre o processo e a liderança.
   b. Use esse feedback para ajustar suas abordagens e fortalecer a dinâmica da equipe.

Conclusão

Praticar o pilar Resultado envolve desafiar a si mesmo e sua equipe, delegar responsabilidades de maneira eficaz e reconhecer os esforços e conquistas. Ao seguir este exercício, você transformará o propósito e a visão em realizações tangíveis, garantindo que o sucesso do líder seja alcançado pelo sucesso de seu time.

Lembre-se: *seu sucesso como líder vem do sucesso de sua equipe.* Desafie, delegue e reconheça constantemente para alcançar resultados extraordinários.

A fidelidade aos seus valores e à sua integridade

Manter-se fiel aos seus valores e à sua integridade é fundamental para uma liderança sustentável e respeitável. Resultados significativos e duradouros só são alcançados quando a ética e os princípios são preservados.

Os valores claros e bem-comunicados servem como um guia para todas as ações e decisões na organização. Por isso, você pode utilizar uma *declaração de valores* – ou seja, um documento que reflita seus princípios fundamentais e os da organização. Certifique-se de que todos os membros da equipe compreendam e se alinhem com esses valores.

E como você pode pôr em prática todos os princípios de uma declaração de valores? Primeiro, incorpore os valores nos processos de recrutamento, treinamento e avaliação de desempenho. Assim, os potenciais colaboradores a entrarem para a organização já serão selecionados sob esses filtros.

Uma vez que todo o time já tenha esses princípios internalizados e orgânicos na rotina, realize reuniões regulares para discutir como os valores estão sendo aplicados no dia a dia e apare arestas nos pontos em que elas eventualmente precisem ser aparadas.

Adote práticas de governança e ética e estabeleça atividades que garantam a transparência e a responsabilidade em todas as operações. Você pode usar o código de conduta de sua organização ou elaborar um para seu time. Desenvolva e implemente códigos de conduta claros que sirvam para todos os colaboradores. Crie canais seguros para que os funcionários possam reportar comportamentos antiéticos, sem medo de retaliação.

Com o código de condutas consolidado, realize auditorias internas periódicas para garantir a conformidade com os valores e as práticas éticas. Proporcione treinamentos regulares em ética e integridade. Faça valer os princípios que norteiam as atividades de sua equipe para que todos se sintam seguros e certos de que cumprem seu papel em um ambiente com regras claras e justas.

Para um líder imbatível, alcançar resultados excepcionais envolve desafiar a si mesmo e os outros, incorporar tecnologia, manter-se fiel aos valores e transferir uma visão de longo prazo que impulsione o crescimento exponencial. Ao seguir essas práticas, você não só alcançará sucesso imediato, mas também garantirá a sustentabilidade e a prosperidade da organização a longo prazo.

Lembre-se: liderar com integridade e visão é a chave para resultados que não apenas impressionam, mas também inspiram. Isso é trazer resultados na figura de um líder imbatível!

SEU SUCESSO COMO LÍDER VEM DO SUCESSO DE SUA EQUIPE.

OS 4 PILARES DA LIDERANÇA IMBATÍVEL
@RENATO.TRISCIUZZI

10

CONSOLIDANDO SUA LIDERANÇA IMBATÍVEL

"Seu tempo é limitado, então não o desperdice vivendo a vida de outra pessoa."

Steve Jobs[66]

A o longo desta jornada, você aprendeu valiosas lições de como se tornar um líder imbatível. É hora de refletir sobre esses ensinamentos e sobre como aplicá-los consistentemente em sua vida profissional e pessoal. Consolidar sua liderança imbatível requer disciplina, consistência, empatia e resiliência, além da paixão pelo ofício de liderar. Vamos explorar os principais aspectos que você deve levar para a vida e os grandes saltos que dará ao implementar o método Liderança Imbatível.

A disciplina, a consistência, a empatia e a resiliência são fundamentais para a aplicação bem-sucedida do método Liderança Imbatível. Sem esses atributos, é fácil perder o foco e a motivação quando surgem desafios e mudanças de planos.

A disciplina permite que você siga os passos do método rigorosamente, garantindo que todas as práticas sejam implementadas de maneira eficaz.

Já a consistência assegura que novos hábitos e práticas de liderança sejam mantidos ao longo do tempo, criando uma cultura sustentável de alto desempenho.

Por sua vez, a empatia traz a capacidade de se colocar no lugar de seus liderados, pares e líderes, refletindo essa habilidade na organização.

E a resiliência o ajuda a superar obstáculos e adversidades, permitindo que você se mantenha firme em seus objetivos e continue avançando, mesmo diante das dificuldades.

---

[66] JOBS, S. Seu tempo... *In:* **Pensador**. Disponível em: https://www.pensador.com/frase/MTc4MDcyOQ. Acesso em: 9 out. 2024.

Ao aplicar as técnicas e as estratégias dos quatro vértices do diamante do método Liderança Imbatível, ou seja, os quatro pilares de que venho falando ao longo deste livro – Propósito, Comunicação, Pessoas e Resultado –, você dará um salto significativo em sua capacidade de liderar com eficácia e inspiração. Esse avanço não apenas transformará sua abordagem de liderança, mas também gerará um impacto positivo e duradouro em você, em sua equipe e na organização como um todo.

Retomando os quatro vértices do diamante

Quero repassar brevemente com você os quatro vértices do diamante do método Liderança Imbatível, conforme os vimos até aqui.

O primeiro é o Propósito. Ao incorporar o propósito em sua liderança, você terá uma visão clara e inspiradora que guiará todas as suas decisões e ações. Isso proporciona um senso de direção e motivação duradoura, tanto para você quanto para sua equipe.

Essa visão clara o ajudará a alinhar suas metas pessoais com os objetivos da organização, criando uma trajetória coerente e focada. Quando sua liderança é guiada por um propósito, você e sua equipe ficam mais motivados a alcançar resultados extraordinários, pois sabem que estão trabalhando por algo significativo.

O segundo pilar é a Comunicação. Ao trabalhar suas habilidades comunicativas, você cria uma conexão mais forte com sua equipe e aumenta sua capacidade de influenciar positivamente seus liderados, pares, superiores, clientes e fornecedores.

A habilidade de se comunicar de maneira clara e empática fortalece a confiança e o respeito mútuo, estabelecendo uma conexão emocional essencial para uma equipe coesa e engajada. Além disso, uma vez que domine a comunicação persuasiva, você será capaz de inspirar e motivar sua equipe a adotar novas ideias e a se comprometer com a visão compartilhada, o que torna eficaz sua influência sobre o time.

No terceiro vértice está a gestão de Pessoas. Focar as pessoas permitirá que você desenvolva e engaje sua equipe apropriadamente, promovendo um ambiente de crescimento, inovação e colaboração.

Ao investir no desenvolvimento profissional dos membros de sua equipe, você criará uma força de trabalho mais competente e preparada para enfrentar desafios. Esse engajamento sustentável promove um ambiente onde os colaboradores se sentem valorizados e motivados, resultando em maior retenção de talentos.

Por fim e tão importante quanto os demais, temos o quarto pilar: o Resultado. Focar a superação de resultados, alinhando metas individuais com os objetivos da equipe e da organização, permitirá que você não só atinja e supere as metas estipuladas, mas também quebre recordes com frequência.

Estabelecer e comunicar metas claras e desafiadoras incentiva a equipe a alcançar altos níveis de desempenho. Além disso, a aplicação de técnicas de monitoramento e ajuste contínuo garante que as metas sejam atingidas de maneira consistente, criando um ciclo virtuoso de sucesso.

O segredo também está no equilíbrio dos pilares

O equilíbrio na execução dos quatro pilares do método é crucial para uma liderança imbatível, pois ele levará você a ter mais sinergia, sustentabilidade e adaptabilidade em sua gestão.

Os pilares se complementam e se reforçam mutuamente, criando uma sinergia poderosa que potencializa os resultados. O equilíbrio garante que as práticas de liderança sejam sustentáveis a longo prazo, evitando a sobrecarga e o desgaste. Além disso, um equilíbrio adequado permite que você se adapte a diferentes situações e desafios, mantendo a eficácia da liderança em diversos contextos.

O que eu proponho nesta obra é uma jornada de autoconhecimento e autorresponsabilidade, na qual o líder precisa se conhecer e balancear suas competências e ações nos quatro vértices do diamante do método Liderança Imbatível, pois o nivelamento traz constância e previsibilidade de seu estilo de liderança. Não adianta ter algum vértice muito evoluído por características naturais e não trabalhar os demais, pois é o equilíbrio que traz estabilidade na relação com os liderados, pares e superiores. É importante salientar que todos os pilares são treináveis e passíveis de evolução, só depende de você!

Consolidando sua liderança imbatível **181**

Que tipo de líder é você – e que tipo de líder imbatível pretende ser?

Para finalizar nosso método e aprofundar um pouco mais as características do líder para além dos atributos que o tornam imbatível, quero apresentar dois tipos de liderança muito comuns no ambiente organizacional: a bruta e a lapidada.

Características da liderança bruta

Esse estilo de liderança é caracterizado por rigidez, controle e foco nos resultados a qualquer custo. Sua abordagem é direta e autoritária, com expectativas claras e pouca flexibilidade. Isso significa que o líder é assertivo, às vezes até um pouco agressivo, para garantir que os objetivos sejam cumpridos.

A vantagem desse estilo é a eficácia em situações de crise ou quando decisões rápidas são necessárias. No entanto, a desvantagem é a tendência de acarretar um ambiente de trabalho tenso, com baixo moral e alta rotatividade de funcionários.

Alguns exemplos do cotidiano da liderança bruta: definição de metas rígidas e inegociáveis; monitoramento intenso e detalhado do desempenho da equipe; pouca ou nenhuma consulta aos funcionários para as decisões.

Características da liderança lapidada

Esse estilo de liderança baseia-se na empatia, na flexibilidade e no foco no bem-estar dos funcionários. Sua abordagem é uma liderança colaborativa e inclusiva, com ênfase em construir relacionamentos fortes e um ambiente de trabalho positivo.

A vantagem desse estilo de liderança é o fomento à lealdade, ao engajamento e à satisfação dos funcionários. Por outro lado, a desvantagem é poder ser visto como ineficaz em situações que exigem decisões rápidas e firmes.

Alguns exemplos do cotidiano da liderança lapidada: encorajamento constante e reconhecimento dos esforços da equipe; promoção de um ambiente de trabalho aberto e colaborativo; e tomada de decisões com base no consenso e na consulta ampla.

Diante desses dois perfis, você deve estar se perguntando qual é o tipo de líder mais completo para ser considerado imbatível. Pois eu lhe digo que a liderança imbatível é uma combinação equilibrada dos dois tipos (bruta e lapidada), adaptada conforme a situação.

Exercício

Este exercício foi desenvolvido para ajudar você a identificar seu estilo de liderança predominante. Ele consiste em uma série de afirmações que você deve avaliar de acordo com a frequência com que você as pratica. Ao final, poderá identificar se seu estilo de liderança tende a ser mais bruto, lapidado ou uma combinação dos dois.

Instruções

Para cada afirmação a seguir, marque o quanto você concorda com ela em uma escala de 1 a 5, sendo que:

1 = Discordo totalmente
2 = Discordo
3 = Neutro
4 = Concordo
5 = Concordo totalmente

Avaliação de liderança

1. Eu tomo decisões rapidamente e espero que minha equipe siga essas decisões sem questionar.
   ☐ 1 ☐ 2 ☐ 3 ☐ 4 ☐ 5

2. Eu frequentemente consulto minha equipe antes de tomar decisões importantes.
   ☐ 1 ☐ 2 ☐ 3 ☐ 4 ☐ 5

3. Mantenho um controle rigoroso sobre o desempenho da minha equipe.
   ☐ 1 ☐ 2 ☐ 3 ☐ 4 ☐ 5

4. Eu dou muita autonomia à minha equipe para que gerencie seu próprio trabalho e entrega.

☐ 1 ☐ 2 ☐ 3 ☐ 4 ☐ 5

5. Eu foco principalmente alcançar os resultados, mesmo que isso signifique ser duro com a equipe.

☐ 1 ☐ 2 ☐ 3 ☐ 4 ☐ 5

6. Eu dedico tempo para entender as preocupações e necessidades pessoais dos membros da minha equipe.

☐ 1 ☐ 2 ☐ 3 ☐ 4 ☐ 5

7. Eu estabeleço metas claras e específicas que minha equipe deve cumprir.

☐ 1 ☐ 2 ☐ 3 ☐ 4 ☐ 5

8. Eu incentivo minha equipe a compartilhar ideias e participar do processo de tomada de decisões.

☐ 1 ☐ 2 ☐ 3 ☐ 4 ☐ 5

9. Eu ofereço feedback corretivo imediato quando minha equipe não atinge os objetivos.

☐ 1 ☐ 2 ☐ 3 ☐ 4 ☐ 5

10. Eu celebro as conquistas e reconheço os esforços da minha equipe regularmente e de maneira individualizada.

☐ 1 ☐ 2 ☐ 3 ☐ 4 ☐ 5

Análise dos resultados

Liderança bruta

- Some suas pontuações para as afirmações 1, 3, 5, 7 e 9.
- Se a soma total estiver entre 20 e 25 pontos, você tende a ter um estilo de liderança mais bruta.

Liderança lapidada

- Some suas pontuações para as afirmações 2, 4, 6, 8 e 10.
- Se a soma total estiver entre 20 e 25 pontos, você tende a ter um estilo de liderança mais lapidada.

Liderança equilibrada

- Se as pontuações de ambos os estilos (bruta e lapidada) forem próximas, isso indica que você tem um estilo de liderança equilibrado, adaptando-se conforme necessário às situações.

Reflexão

- *Para líderes com estilo bruto*: considere como você pode incorporar mais elementos do estilo lapidado em sua liderança, como a empatia e a consulta à equipe, para criar um ambiente de trabalho mais equilibrado e motivador.
- *Para líderes com estilo lapidado*: pense em maneiras de ser mais objetivo quando necessário, definindo metas claras e fornecendo feedback direto para garantir que os objetivos sejam alcançados.
- *Para líderes equilibrados*: continue a adaptar seu estilo de liderança às necessidades da situação e da equipe, mantendo um equilíbrio saudável entre firmeza e empatia.

Esse exercício simples oferece uma visão inicial de seu estilo de liderança predominante. Use os insights para refletir sobre suas práticas atuais e identificar áreas de melhoria com o objetivo de se tornar um líder mais eficaz e inspirador.

Implementação prática: um caminho para a excelência

Colocar em prática o método Liderança Imbatível resulta em uma transformação abrangente de sua capacidade de liderar. Você não só se tornará um líder mais eficaz e inspirador, mas também criará uma equipe mais engajada, competente e orientada para resultados extraordinários. Ao adotar essa abordagem, você estará preparado para enfrentar qualquer desafio e alcançar um sucesso duradouro e significativo.

Lembre-se sempre: *o sucesso como líder vem do sucesso de sua equipe!* Continue desafiando, delegando e reconhecendo para alcançar resultados extraordinários. Um time imbatível vem da paixão por liderar. Mantenha-se fiel aos ensinamentos deste livro e veja sua liderança e os resultados de seus liderados alcançarem novos patamares!

O EQUILÍBRIO NA EXECUÇÃO DOS QUATRO PILARES DO MÉTODO É CRUCIAL PARA UMA LIDERANÇA IMBATÍVEL.

OS 4 PILARES DA LIDERANÇA IMBATÍVEL
@RENATO.TRISCIUZZI

CONCLUSÃO

arabéns! Chegar ao final deste livro é um marco muito importante e significativo em sua jornada de liderança. Você demonstrou comprometimento, resiliência e uma verdadeira vontade de evoluir como líder! Agora, é hora de colocar em prática as técnicas aprendidas, celebrar suas conquistas e preparar-se para transformar sua liderança e a vida daqueles ao seu redor.

Eu admiro sua dedicação e coragem em embarcar nesta jornada de transformação! Reconhecer a importância da liderança e seu propósito ao liderar, bem como comprometer-se a aplicar os pilares do método Liderança Imbatível, é um passo monumental. Sua decisão de se dedicar a este método não só beneficiará sua carreira, mas também impactará positivamente todos que têm o privilégio de trabalhar com você. Siga buscando a excelência e inspirando sua equipe a alcançar grandes realizações.

Continue aprendendo também, pois a liderança é uma jornada contínua de aprendizado. Mantenha-se atualizado com novas técnicas, teorias e práticas de liderança. Participe de workshops, leia livros e procure mentoria.

Seja sempre autêntico em suas ações e decisões. A autenticidade constrói confiança e respeito, elementos essenciais para uma liderança imbatível.

Fomente a inovação. Incentive sua equipe a pensar fora da caixa e a trazer novas ideias, ouvir sem preconceito e ficar atento a tudo e a todos. A inovação é vital para o crescimento e a sustentabilidade de qualquer organização.

Equilibre a empatia e a autoridade, pois liderar com empatia não significa abdicar da autoridade. Procure encontrar o equilíbrio entre ser compreensivo e tomar decisões firmes e difíceis.

Celebre pequenas conquistas *sempre*! Reconhecer e celebrar as pequenas vitórias gera engajamento e senso de pertencimento. Elas mantêm o moral alto e motivam a equipe a continuar se esforçando e entregando resultados extraordinários.

Digo a você que desenvolver pessoas é uma das responsabilidades mais gratificantes de um líder. Ver os membros da equipe crescerem, alcançarem objetivos e se tornarem líderes por si próprios traz uma profunda sensação de realização que transcende qualquer ganho financeiro. O impacto de capacitar e inspirar pessoas é duradouro, deixa legado e se espalha além dos limites da organização, influenciando positivamente a vida dos que convivem com você em um nível pessoal e profissional.

Quando você foca o desenvolvimento das pessoas, está investindo no futuro. Resultados financeiros são importantes, mas são consequências naturais de uma equipe bem-desenvolvida, engajada e motivada. A verdadeira recompensa vem do legado que você constrói por meio das vidas que toca e transforma. A paixão por liderar cria equipes imbatíveis que geram resultados extraordinários!

Querido leitor, meu mais sincero agradecimento por acompanhar esta jornada comigo. Sua dedicação em ler e aplicar os princípios deste livro é uma inspiração para mim. Continuar a crescer como líder e buscar a excelência é um caminho que percorremos juntos.

Agradeço pela confiança depositada em minhas palavras e pelo compromisso em transformar sua vida e carreira por meio da liderança imbatível. Espero que continue a me seguir em futuras publicações, nas quais exploraremos novas ideias e estratégias para alcançar o sucesso.

Sua jornada é minha motivação, e estou honrado em fazer parte de seu desenvolvimento. Juntos, podemos construir um futuro em que a liderança inspiradora e eficaz transforma organizações e a sociedade.

Obrigado, e vamos continuar a construir um legado de liderança imbatível!

Com gratidão,

Renato Trisciuzzi

O EQUILÍBRIO GARANTE QUE AS PRÁTICAS DE LIDERANÇA SEJAM SUSTENTÁVEIS A LONGO PRAZO.

OS 4 PILARES DA LIDERANÇA IMBATÍVEL
@RENATO.TRISCIUZZI

Este livro foi impresso pela gráfica Bartira
em papel lux cream 70g/m² em fevereiro de 2025.